Saral Sarkar

Krieg, Gewalt und die Grenzen des Wachstums

Der Autor

Saral Sarkar, geb. 1936 in Indien; Germanist und Deutschlehrer. Seit 1982 lebt er als Publizist und politischer Aktivist in Köln. Im Auftrag der United Nations University schrieb er eine zweibändige Studie über die grüne Bewegung in Westdeutschland. In seinen beiden theoretischen Hauptwerken *Die nachhaltige Gesellschaft* und *Die Krisen des Kapitalismus* begründete er sein theoretisches Verständnis von Ökosozialismus, das er zuletzt in knapper Form und prägnant in seinem letzten Werk, *Was ist Ökosozialismus?*, dargestellt hat.

Der Herausgeber

Bruno Kern, Dr. theol. M.A., geb. 1958 in Wien, Theologe und Philosoph, lebt heute als freischaffender Lektor, Übersetzer und Publizist in Mainz. Seine wichtigsten Veröffentlichungen, die sich Sarkars Verständnis von Ökosozialismus verpflichtet fühlen, sind: *Das Märchen vom grünen Wachstum* und *Industrielle Abrüstung jetzt!*

Saral Sarkar

Krieg, Gewalt und die Grenzen des Wachstums

Herausgegeben und aus dem Englischen übersetzt
von Bruno Kern

Mit einem Beitrag von Bruno Kern

Metropolis-Verlag
Marburg 2025

Bibliografische Information Der Deutschen Nationalbibliothek
Die Deutsche Nationalbibliothek verzeichnet diese Publikation in der Deutschen Nationalbibliografie; detaillierte bibliografische Daten sind im Internet über <https://portal.dnb.de> abrufbar.

Metropolis-Verlag für Ökonomie, Gesellschaft und Politik GmbH
https://www.metropolis-verlag.de

ISBN 978-3-7316-1604-7

Inhalt

Vorwort des Herausgebers

Während sich die Klimakatastrophen zuspitzen, war die unmittelbare Gefahr eines globalen Krieges kaum jemals so groß wie heute und es entladen sich auch immer mehr regionale Konflikte in militärischen Auseinandersetzungen. Saral Sarkar versucht den Ursachen dieser „Bankrotterklärung aller Menschlichkeit“ auf den Grund zu gehen. Ausführlich setzt er sich zunächst mit den Aggressionstheorien aus der Verhaltensforschung, mit unserem evolutionären Erbe, mit dem prähistorischen Befund und mit theoretischen Annahmen zur menschlichen Zivilisationsgeschichte auseinander. Er erweist sich als informierter und kritischer Leser der entsprechenden „Klassiker“ und bietet uns einen guten Überblick. Als Fazit darf gelten, dass uns unsere evolutionäre Herkunft und unsere genetische Ausstattung keineswegs festlegen, dass wir von unseren biologischen Grundlagen zwar nicht einfach abstrahieren können, dass diese aber stets kulturell überformt sind. Krieg – zumindest im engeren Sinne als organisierte, sozial koordinierte und geplante Gewalt im Gegensatz zur spontanen individuellen Instinktreaktion – ist keineswegs eine Zwangsläufigkeit der Menschheitsgeschichte.

Bestätigt wird Sarkars kritische Bestandsaufnahme durch ein äußerst lesenswertes Buch aus jüngster Zeit (Meller/Michel/Schaik 2024). In ihrem Gemeinschaftswerk *Die Evolution der Gewalt* arbeiten die drei Autoren die wesentlichen Ergebnisse aus Primatenforschung, Archäologie und Geschichte auf. Den Mythos von der gewalttätigen Natur des Menschen entlarven sie als Herrschaftsideologie. Unsere äußerst kriegerische Geschichte, in der Friedenszeiten als große Ausnahme erscheinen, ist menschheitsgeschichtlich betrachtet ein sehr junges Phänomen. Sie macht lediglich das letzte Prozent der Geschichte des Homo sapiens aus. Im selben Sinne wie Sarkar fragen die Autoren jeweils nach den möglichen konkreten Anlässen für gewaltsame Auseinandersetzungen. Die frühen Gemeinschaften der Jäger und Sammler scheinen wenig Grund zu kriegerischer Gewalt gehabt zu haben. Ihre von Reziprozität, Kooperation und Solidarität geprägte Lebensweise, die sich in unser Menschheitserbe eingeschrieben hat, ist heute noch eine wesentliche Ressource der Hoffnung auf Frieden. Überzeugend legen sie dar, dass Krieg ein Produkt der Zivilisation ist, das wesentlich mit der Sesshaftigkeit und den damit verbundenen territorialen Ansprüchen sowie der Konkurrenz um knappe Ressourcen zusammenhängt.

Die Originalität von Sarkars Beitrag ist es, dass er Krieg und Frieden konsequent vor dem Hintergrund des Paradigmas der Grenzen des Wachstums interpretiert. Er macht auf einen Faktor aufmerksam, der kaum thematisiert wird: das Bevölkerungswachstum als eine wesentliche Ursache von Krieg und mörderischen Konflikten. Bereits in prähistorischer Zeit war der Druck des demografischen Wachstums eine entscheidende Komponente. Sarkar zeigt die Rolle des Bevölkerungswachstums in jüngerer Zeit vor allem an zwei Fallbeispielen auf: Dem Genozid in Ruanda im Jahr 1994 und dem Konflikt zwischen Israel und den Palästinensern, dessen tragische Zuspitzung wir gerade in diesen Tagen erleben müssen.

Lesenswert ist nicht zuletzt Sarkars knapper Überblick über Kriege, Bürgerkriege, ethnische Konflikte etc., die mitsamt ihren komplexen Ursachen heute kaum mehr in unserem Bewusstsein präsent sind. Als einer, der aus dem globalen Süden kommt, stellt Sarkar auch Konflikte ausführlich dar, die bei uns allenfalls oberflächlich zur Kenntnis genommen wurden.

Im Schlusskapitel dieses Buches fasst er noch einmal prägnant zusammen, dass ganz im Sinne des Berichts des Club of Rome die beiden entscheidenden Parameter der Störung unseres ökologischen Gleichgewichts, nämlich ein ungebremstes industrielles Wachstum und das anhaltende Bevölkerungswachstum, auch für die Kriegsgefahr wesentlich verantwortlich sind. In meinem eigenen Beitrag versuche ich genau daran anzuknüpfen und die gegenwärtige Kriegsgefahr vor dem Hintergrund des sich zuspitzenden Kampfes um immer knappere Ressourcen zu analysieren. Um des Überlebens der Menschheit willen ist der Friede heute alternativlos geworden. Wenn wir uns noch eine geringe Chance bewahren wollen, unsere natürlichen Lebensgrundlagen zu erhalten, dann müssen wir uns von jeder militärischen Logik verabschieden.

Vorwort

Als ich zur Schule ging, kam mir unser Lehrbuch über die Geschichte Indiens wie eine Reihe von Kriegs- und Eroberungsgeschichten dieses oder jenes Königs oder Kaisers vor. Selbst Ashoka der Große führte im 3. Jh. v. Chr. einen erbarmungslosen Krieg gegen den König von Kalinga, bevor er Gewissensbisse bekam und Buddhist wurde. Ähnlich empfand ich die Geschichte Großbritanniens, die wir in der Schule ebenfalls lernten. Seither versuchte ich für mich selbst die Antwort auf die Frage zu finden, *warum es die gesamte Menschheitsgeschichte hindurch Kriege gegeben hat*.

Vor Kurzem bekam ich eine Art Antwort von einem berühmten modernen Historiker (Christopher Clark) in der Fernsehsendung *Terra X*: Als die Armee des osmanischen Sultans im Jahr 1522 auf Rhodos den Johanniterorden besiegte, befahl der Sultan seinen Soldaten, den Großmeister des Ordens zu ihm zu bringen. Der Sultan sagte ihm in etwa: Sei nicht traurig. In dieser Welt kämpfen Könige und Armeen nun einmal gegeneinander; das eine Heer siegt, das andere verliert. Das ist der normale Lauf der Dinge auf dieser Welt.

Als ich später mehr über Geschichte las, verstärkte sich mein Eindruck aus der Schulzeit. Ein wenig Lektüre über prähistorische Archäologie reichte aus, um die Existenz von kriegsähnlichen Konflikten noch vor der Morgendämmerung der Zivilisation klar zu erkennen. Natürlich gab es überall auf der Welt kürzere oder längere Friedenszeiten. Doch die eine oder andere Art von – kalten oder heißen – Konflikten zwischen großen oder kleinen Menschengruppen ging ebenfalls irgendwo auf der Welt weiter.

Ja mehr noch: In Zeiten der Abwesenheit von Krieg wurde stets das Vorbereitetsein auf den Krieg – durch stehende Heere und Reservisten und ein gewisses Maß an Waffenproduktion und das Horten von Rüstungsgütern – für notwendig gehalten. Oft habe ich aus dem Mund von Staatsmännern wie Churchill oder Kennedy das lateinische Sprichwort gehört: *Si vis pacem, para bellum*: „Wenn du Frieden willst, dann rüste dich zum Krieg.“

Auch nach dem Ende des Zweiten Weltkriegs gab es zahlreiche Konflikte, die zuweilen in heftige Kriege mündeten, wie zum Beispiel den Bürgerkrieg in China in der Zweiten Hälfte der 1940er Jahre und den Koreakrieg in den 1950er Jahren. Allgemein gesprochen haben die Konfliktparteien in dauerndem Alarmzustand und dauerhafter Spannung gelebt. Man denke nur an die lange Zeit des Kalten Krieges zwischen den beiden Supermächten. Oftmals werden Konflikte durch wirtschaftliche Maßnahmen wie Embargos, Boykotts und Sanktionen ausgetragen.

In einigen westeuropäischen Ländern gab es eine Tradition von Friedensbewegungen, die um die Mitte des 19. Jahrhunderts ihren Anfang nahmen. Als ich im Jahr 1982 nach Westdeutschland kam, gab es hier eine große Friedensbewegung, ausgelöst durch die Entscheidung der Regierung des Landes, einige der neuesten US-amerikanischen Mittelstreckenatomwaffen (Pershings) zu stationieren, die auf die Sowjetunion zielten. Letztere hatte zuvor ähnliche Atomraketen in Osteuropa stationiert. Zusammen mit der gesamten Partei *Die Grünen* nahm ich an dieser Bewegung teil und hatte damit die Gelegenheit, mit vielen FriedensaktivistInnen über die Frage der Hauptfaktoren für Krieg und Konflikte zu diskutieren.

Sie waren alle sehr leidenschaftlich in der Bewegung aktiv und nicht nur gegen jedweden Krieg, sondern auch gegen das Gewappnetsein für Kriege, weshalb sie auch aus Gewissensgründen den verpflichtenden Militärdienst verweigerten. In den 1950er Jahren hatte die Generation ihrer Eltern sich der Entscheidung widersetzt, in Deutschland wieder eine Armee, die sogenannte Bundeswehr, zu gründen, deren Auftrag angeblich nur darin bestand, ihr Land im Falle einer ausländischen Invasion militärisch zu verteidigen.

Meine Diskussionen mit solchen AktivistInnen trugen nicht dazu bei, der Antwort auf die Frage, die mich bewegte, näherzukommen. Doch in der zweiten Hälfte der 1990er Jahre kam für sie die Stunde der Wahrheit. Viele der einst radikalen FriedensaktivistInnen, die zu einem großen Teil auch Mitglieder oder WählerInnen der Grünen waren, unterstützten die Entscheidung der rot-grünen Koalitionsregierung, mit der eigenen Luftwaffe am Bombardement Serbiens durch die NATO im Jahr 1999 teilzunehmen. Was war der Grund? Zu dieser Zeit kämpfte Serbien gegen die bewaffneten kosovarischen Rebellen und deren Versuch, die Unabhängigkeit ihrer kleinen Provinz Kosovo von Serbien zu erreichen. Davor hatte sich kein Friedensaktivist vorstellen können, dass dies in naher Zukunft möglich wäre. Deshalb beschloss ich, die Antwort auf meine Frage hauptsächlich mittels Lektüre zu finden.

Die allgemeinen und unmittelbaren Motive und Ursachen von (einzelnen) Kriegen in der Vergangenheit hatten Geschichtswissenschaftler alle erforscht und beschrieben. Wir wissen, dass Könige und Kaiser im Allgemeinen neue Territorien erobern wollten, wofür sie gegen andere Könige und Kaiser Kriege führen mussten. Dies war nämlich die Voraussetzung für mehr Wohlstand: durch Steuereinkünfte, Tributzahlungen oder einfach Plünderung. Später wurde die Kontrolle über den Handel und Handelsrouten wichtig, weshalb die Spanier und Portugiesen im späten 15. Jahrhundert einen Seeweg nach Indien suchten. Noch später führte der Wunsch, die Kontrolle über große Märkte und begehrte Güter (in Asien) zu erreichen, zu Kolonialkriegen, auch zwischen rivalisierenden europäischen Mächten. All diese Motive und Gründe können im Ausdruck *ökonomische Faktoren* zusammengefasst werden. Einfach gesagt handelt es sich um Gier.

Doch da sind noch andere grundlegende (in manchen Fällen könnte man sagen: grundlegendere) Faktoren im Spiel. Um nur ein Beispiel zu nennen: Wenn in früheren Jahrhunderten europäische Siedlungen in relativ dünn besiedelten, damals unterentwickelten Regionen und Kontinenten (Amerika, Australien) gegründet wurden, spielte der Wunsch zahlreicher armer, ja sogar von Hunger geplagter Leute in relativ überbevölkerten europäischen Ländern, ein neues Leben zu beginnen, eine wichtige Rolle. Zu diesem Zweck waren sie auch bereit, Kriege gegen Indigene auszufechten. Dies war etwa bei den niederländischen Siedlern in Südafrika der Fall, die die Zulus bekämpften. Hier waren tatsächlich zwei Faktoren im Spiel: wirtschaftliche und demografische.

Es mag auch sein, dass in einigen seltenen Fällen die Abenteuerlust die entscheidende Rolle spielte – zum Beispiel im Falle Alexanders des Großen und seiner Expeditionen, bei denen er tief nach Westindien, weit weg von seinem Heimatland Mazedonien, eindrang. Im Falle der Pilgerväter im frühen 17. Jahrhundert war der Geist der Freiheit vor religiöser Verfolgung entscheidend.

Auf den folgenden Seiten erwähne und beschreibe ich auch diese anderen Faktoren, von denen einige von sehr grundlegender Natur, ebenso grundlegend wie Wirtschaft und Demografie, sind. Den Durchschnittsbürgern kommen sie nicht sehr oft in den Sinn, wenn sie etwas über Konflikte hören, denn sie allein führen üblicherweise nicht zu Kriegen oder blutigen Kämpfen.

In diesem Buch biete ich eine ziemlich kurze Version dessen, was ich ursprünglich als detaillierte Studie geplant habe. Schließlich hört man allenthalben, dass mögliche Leser und Leserinnen im Zeitalter von Internet und Smartphone detaillierte Studien scheuen und mit kurzen Darstellungen zufrieden sind.

Bei dieser Gelegenheit möchte ich klarstellen, dass ich kein Experte auf irgendeinem der hier behandelten Gebiete bin. Ich habe Bücher, Zeitungs- und Zeitschriftenartikel von Wissenschaftlern dieser Fachbereiche gelesen. Und ich habe die internationalen Nachrichten in Zeitungen und Fernsehsendungen ständig verfolgt. Immer wenn ich exakte Daten für notwendig hielt, habe ich das Internet und Wikipedia konsultiert. Dieser Essay stützt sich völlig auf das auf diese Weise erworbene Wissen. Ich hoffe, dass die durchschnittlichen Leser und Leserinnen, vor allem aber die durchschnittlichen FriedensaktivistInnen, dies interessant und nützlich finden.

Aggression, Gewalt und Krieg beim Homo sapiens

In der Verhaltensforschung wird das Phänomen Gewalt innerhalb einer Spezies als Teil des normalen Verhaltens von Tieren betrachtet. Es wird sogar als notwendig oder zumindest dienlich für das Überleben einer Spezies angesehen. Wenn, wie es bei Tieren der Fall ist, nur die stärksten, gesündesten und schlauesten Männchen einer Gruppe sich mit den Weibchen paaren, dann kann man für die Nachkommen, die die nächste Generation bilden, bessere Überlebenschancen in der Wildnis erwarten. Doch damit das passiert, muss das entsprechende Männchen die Rivalen in der Gruppe oder von außerhalb im Kampf besiegen und auf diese Weise schwache oder kränkliche Männchen daran hindern, mit den Weibchen zu kopulieren.

In Gruppen von fleischfressenden Tieren kommt es manchmal auch zu einigermaßen gewalttätigen Streitigkeiten um die Aufteilung des Fleisches der erlegten Beute. Manchmal wendet selbst ein Muttertier sanfte Gewalt an, um ihre eigenen Jungen zu zwingen, ihr Territorium zu verlassen und ihren eigenen neuen Futterplatz zu suchen. Solche Gewalt innerhalb einer Spezies endet in der Regel nicht im Töten eines Mitglieds der Spezies und gefährdet auf diese Weise die Weiterexistenz der Gruppe oder das Überleben der Spezies nicht. Das schwächere (besiegte) Männchen zieht sich einfach aus dem Konkurrenzkampf zurück.

Konrad Lorenz nennt diese Art von Gewalt „das sogenannte Böse" (so auch der Titel seines Buches: Lorenz 1963). Doch er meint, dass sich das, was bei den Tieren das sogenannte Böse genannt werden kann, bei den Menschen zum echten Bösen, zu einem bösen, aggressiven Instinkt, entwickelt hat. Unter Menschen kommt es oft zum Töten innerhalb ihrer eigenen Spezies, ja sogar zum Mord und zu Massentötungen im Krieg. Er meint, dies wäre während der Tausenden Jahre der Steinzeit auf folgende Weise passiert:

> Als die Menschen eben gerade so weit waren, dass sie kraft ihrer Bewaffnung, Bekleidung und ihrer sozialen Organisation die von außen drohenden Gefahren des Verhungerns, Erfrierens und Gefressenwerdens von Großraubtieren einigermaßen gebannt hatten, sodass diese nicht mehr die wesentlichen selektierenden Faktoren darstellten, muss eine böse intraspezifische Selektion eingesetzt haben. Der nunmehr Auslese treibende Faktor war der Krieg, den die feindlichen benachbarten Menschenhorden gegeneinander führten. Er muss eine extreme Herauszüchtung aller sogenannten ‚kriegerischen Tugenden' bewirkt haben … (Lorenz 1963, 67)

Dieses Zitat macht deutlich: Lorenz nimmt selbst für die früheste Menschheitsgeschichte die Präexistenz von Gewalt, ja sogar von Krieg[1] zwischen verfeindeten benachbarten Horden an.

Doch warum sollten sie überhaupt Krieg geführt haben? Warum sollten zwei autonome, relativ *große* Gruppen von Menschen einander bekämpft haben? Lorenz' Ansicht wurde vom sogenannten *progressiven oder humanistischen Lager* heftig zurückgewiesen. Sie hegten den Verdacht, dass Lorenz den politischen Interessen der Konservativen gefügig war. Erich Fromm, ein bekannter Vertreter dieses humanistischen Lagers, schrieb:

> Was könnte für Menschen […], die sich fürchten und die sich unfähig fühlen, den zur Zerstörung führenden Lauf der Dinge zu ändern, willkommener sein als die Theorie von Konrad Lorenz, dass Gewalt aus unserer tierischen Natur kommt und einem unzähmbaren Trieb zur Aggression entspringt. (Fromm zit. nach Eibl-Eibesfeld 1975, 12-13)

Ich finde diese Art von Verdächtigung unfair. Man spricht auch Darwin nicht schuldig, seine Evolutionstheorie dargelegt zu haben, nur weil sie von Sozialdarwinisten und Rassisten missbraucht worden ist.

[1] Krieg wurde von den entsprechenden Experten in jüngerer Zeit folgendermaßen definiert: „Krieg ist ein geplanter und organisierter Waffengang zwischen autonomen Gruppen. Gewalttätigkeit zwischen Einzelnen oder Fraktionen innerhalb einer Lokalgruppe fällt nicht darunter, ebenso wenig Fehden und Blutrache. Ein weiterer wesentlicher Aspekt des Krieges ist die zumindest von einer der Kriegsparteien akzeptierte Legitimation der Gewalt. Im Krieg darf also getötet werden, ohne dass dies als Mord betrachtet wird." (Meller/Schefzik 2015, 11)

Doch Fromm übt auch offensichtlich stichhaltige Kritik an Lorenz' Theorie vom Ursprung des Krieges. Er argumentiert folgendermaßen: Zunächst ist es angesichts der Tatsache, dass im Krieg, insbesondere in einem primitiven Stadium, sehr aggressive Individuen in großer Zahl getötet werden, nicht plausibel, dass sich die Hyperaggression, wie Lorenz das nennt, unter den Menschen durch positive genetische Auslese aufgrund des Krieges entwickelt habe. Mit den toten jungen Kriegern sollte das angeblich für eine solche Aggression verantwortliche Gen nach und nach verschwinden und tatsächlich in einer negativen Selektion münden. Was Fromm damit zu sagen versucht, ist, dass ein solches Gen nicht oder wenigstens nicht mehr existiert, falls es tatsächlich einmal vorhanden war.

Zweitens konnten – so argumentiert Fromm weiter – Menschen auf der Suche nach Nahrung (primitive Jäger und Sammler) keine große *wirtschaftliche Motivation* haben, Kriege zu führen. Denn das Bevölkerungswachstum war vernachlässigbar, es gab nicht viel bewegliches Eigentum, das weggeschafft werden konnte, und Sklaven konnten keinerlei Mehrwert produzieren. Konflikte um Jagdgründe oder Wasserstellen wurden wahrscheinlich ohne Kampf beigelegt. Die stärkere Gruppe (Horde) verdrängte die schwächere einfach allmählich.

Ich weiß nicht, ob Lorenz oder Verhaltensforscher seiner Schule etwas auf das erste Argument von Fromm erwiderten, aber ich kann mir ihre mögliche Antwort vorstellen. Sie hätten durch eine leichte Korrektur ihrer Behauptung antworten und behaupten können, dass eine solche Hyperaggression ein angeborener Drang ist, der in allen männlichen Menschen vorhanden ist, seit sich diese aus der Spezies von Affen entwickelten, die unsere Vorfahren sind. Deshalb kann der Tod einiger besonders aggressiver Krieger diesen Drang nicht aus dem menschlichen Genom entfernen.

Bevor ich mit dieser Debatte fortfahre, möchte ich die Aggressionstheorien von Lorenz und Fromm kurz darstellen.

Exkurs 1: Die Aggressionstheorie von Lorenz und seiner Schule

Lorenz sieht hinter der Aggression keinerlei interessegeleiteten Antrieb. Ihm zufolge ist die intraspezifische Aggression bei den Tieren das Ergebnis eines Instinkts, der auch bei den Menschen vorhanden ist. Bei den Tieren hat diese Aggression eine positive Funktion für das Überleben der Spezies. Er stellt sicher, dass sich die Individuen der Spezies im verfügbaren Lebensraum in genügender Entfernung voneinander befinden; er gewährleistet die Selektion der genetisch besser ausgestatteten (stärkeren, überlebensfähigeren) männlichen Exemplare und er schafft eine soziale Hierarchie, die in jeder Gruppe von Lebewesen nützlich ist. Die Aggression hat diese Funktion viel besser ausgeübt, seit im Laufe des Evolutionsprozesses die tödliche Aggression in symbolische und rituelle Bedrohung verwandelt wurde. Wegen dieser positiven Funktionen spricht Lorenz von der Aggression als dem „sogenannten Bösen", das denn auch den Titel seines Hauptwerkes bildet.

Lorenz meint, dass der menschliche Drang zur Aggression von einer kontinuierlich fließenden Energie gespeist wird, die sich im mit diesem Instinkt verbundenen Nervenzentrum ansammelt. Dies führt zu einem zunehmenden Druck innerhalb eines gleichsam hydraulischen Systems. Für Lorenz ist es nicht nur ungesund, die Aggression zu unterdrücken, die freigelassen werden will, es ist auch sehr schwer, wenn nicht gar unmöglich, sie zu kontrollieren. Wenn der Druck zu sehr angestiegen ist, kann es zu einer Explosion kommen. Dann kann ein Mensch selbst ohne einen Anreiz von außen grausam und mörderisch werden. Doch in der Regel finden sowohl Menschen als auch Tiere irgendwelche Stimuli, sie halten Ausschau nach solchen Reizen oder schaffen sie selbst. Lorenz führt das Beispiel der Gründung einer politischen Partei an, die Stimuli schafft, aber nicht wirklich ein Grund für Aggression ist.

Desmond Morris nennt Sportarten wie Ringen, Judo und Boxen „stark stilisierte und ritualisierte Formen des Kampfes ohne Waffen" (Morris 1968, 262). Ich könnte dem das Verhalten von Hooligan-Fans eines Fußballclubs hinzufügen, die nicht so sehr deshalb ins Stadion gehen, um ein Fußballspiel zu genießen, sondern um eine Gelegenheit zu haben, gegen die Hooligan-Fans der gegnerischen Mannschaft zu kämpfen.

Manchmal findet das „Druck ablassen" der spontan angesammelten Aggression auf Kosten unbelebter Gegenstände statt. Lorenz schilderte irgendwo, dass er sich selbst dabei ertappte, wie er auf eine auf der Straße liegende Bierdose losging, um seinen Aggressionsdruck abzubauen. Gewalttätige Demonstranten, die zum Beispiel von einer Regierungsentscheidung, von Arbeitnehmern oder der Polizei provoziert werden, schlagen Glasscheiben an Gebäuden ein, setzen Busse in Brand, usw. Morris schreibt:

> Das Objekt, das zum Angriff reizt (der Gegner), flößt zu viel Angst ein, als dass die direkte Attacke gewagt wird; dennoch wird die Angriffsbewegung vollführt – aber nicht in Richtung auf den gefürchteten Feind, sondern auf etwas, das weniger einschüchternd wirkt – auf jemanden, der ganz harmlos und unbeteiligt dabei steht [...] oder auf etwas Unbelebtes, das dabei in Trümmern gehen kann. [...] Wenn eine Ehefrau im Zorn eine Blumenvase auf den Fußboden schmeißt, so ist es – natürlich! – in Wirklichkeit der Kopf des Mannes, der zerschmettert wird. Interessanterweise machen es Schimpansen und Gorillas häufig ganz ähnlich: Sie reißen Zweige und Äste ab, schlagen sie auf den Boden und schmeißen sie herum – was wiederum eine höchst eindrucksvolle visuelle Wirkung hat. (Morris 1968, 242-243)

Exkurs 2: Erich Fromms Aggressionstheorie

Fromm war kein Verhaltensforscher, sondern ein Sozialpsychologe, den ein tiefes Verständnis der menschlichen Psyche auszeichnete und der die relevante Literatur auf vielen Gebieten aufgearbeitet hat. Wie bereits oben erwähnt, lehnte er die Aggressionstheorie der Verhaltensforschung ab und legte seine eigene Theorie vor, die folgendermaßen zusammengefasst werden kann:

Aggression ist ein Instinkt[2], der keineswegs böse ist; ja er ist sogar notwendig. Er ist notwendig um der Abgrenzung, der Selbstbehauptung und Verteidigung der vitalen Interessen willen, kurz gesagt für das Überleben. Und deshalb gibt es ihn bei Tieren und Menschen gleichermaßen. Doch im Gegensatz zu Lorenz' Behauptung ist Aggression kein unkontrollierbarer Drang. Sie kommt nur als *Reaktion* auf Bedrohungen (Herausforderungen) der eigenen *vitalen Interessen*

[2] *Instinkte* sind zielgerichtete und angeborene *Verhaltensmuster*, die nicht das Ergebnis von Lernprozessen oder Erfahrung sind. Ein Trieb ist ein instinktives Bedürfnis, welches die Kraft hat, das Verhalten eines Individuums zu steuern; ein „Erregungszustand, hervorgerufen durch eine Störung der Homöostase" (aus dem Internet).

ins Spiel. Fromm spricht deshalb von *defensiver* oder *reaktiver* Aggression, die gutartig ist. Bei den Tieren sind diese vitalen Interessen das eigene Leben des Individuums, die Sorge um den Nachwuchs, der Zugang zu Individuen des anderen Geschlechts, der Zugang zu Futterquellen und das Überleben der Spezies.

Bei den Menschen jedoch können vitale Interessen viel mehr bedeuten, weshalb sie aggressiver sein können als Tiere. Sie können auch auf vorhersehbare und vorstellbare künftige Gefahren reagieren. Sie können Symbole, Idole und Werte schaffen, mit denen sie sich so sehr identifizieren, dass ein Angriff auf sie oder auch nur eine Bedrohung ein Angriff auf oder eine Bedrohung der vitalen Interessen wird. Schließlich können den Menschen mittels Erziehung, Ideologie und Gehirnwäsche alle Arten von „vitalen Interessen" eingeredet werden. Doch sie alle sind nicht wie die der Tiere angeboren. Sie sind das Ergebnis der bislang existierenden Gesellschaftsstruktur, deren Grundlagen Ausbeutung und Gewalt sind. Fromm schreibt:

> Wenn die menschliche Aggression mehr oder weniger auf dem gleichen Niveau stünde wie die anderer Säugetiere [...], so wäre die menschliche Gesellschaft recht friedlich und wenig gewalttätig. Aber dem ist nicht so. Die Geschichte der Menschheit ist der Bericht einer außerordentlichen Destruktivität und Grausamkeit, und die Aggression des Menschen ist offenbar weit größer als die seiner tierischen Ahnen ... (Fromm 1977, 207)

Ihm zufolge ist „Hyperaggression" ein Alleinstellungsmerkmal des Menschen:

> Das Einzigartige beim Menschen ist, dass er von Impulsen, zu morden und zu quälen, getrieben werden kann und dass er dabei Lustgefühle empfindet. Er ist das einzige Lebewesen, das zum Mörder und Vernichter der eigenen Art werden kann, ohne davon einen entsprechenden biologischen oder ökonomischen Nutzen zu haben. (Fromm 1977, 245)

Fromm nennt das „sadistisch-grausame Destruktivität" oder auch „bösartige" Aggression.

Im Unterschied zur gutartigen Aggression ist bösartige Aggression ein seltenes Phänomen in der Tierwelt. Bei Menschen wird sie hauptsächlich als Einzelfälle betreffend betrachtet. Sie ist eine pathologische Art der Reaktion auf menschliche Bedürfnisse, das heißt sie ist nicht das Ergebnis eines allen Menschen gemeinsamen Instinkts. Fromm erklärt sie mittels des Faktors Charakter, der eine individuelle Angelegenheit ist. Er wird durch äußere Faktoren erworben und gebildet. Daher kann er im Unterschied zu einem Instinkt dadurch geändert werden, dass man die externen Faktoren, nämlich die gesellschaftlichen, wirtschaftlichen und politischen Strukturen ändert.

Aber nun zurück zur eigentlichen Debatte: Der Anthropologe und Humanethologe Irenäus Eibl-Eibesfeld widerspricht Fromms zweitem Argument:

> Gelegentlich wird die „Unwahrscheinlichkeit" kriegerischer Auseinandersetzungen beim vorgeschichtlichen Menschen damit begründet, dass es damals doch nicht sehr viele Menschen gegeben habe. Das Argument ist schlecht durchdacht. Jäger und Sammler brauchen, wie man weiß, sehr große Reviere, und die Bedingungen sind überdies nicht überall gleich. Es gibt Gebiete, die reich an Wild und Pflanzennahrung, Brennholz und günstigen Wasserstellen sind, und andere Gebiete, die weniger günstige Lebensbedingungen bieten. Es gibt nicht den geringsten Grund für die Annahme, dass unsere Vorfahren nicht um die besseren Lebensräume konkurriert haben sollten. Die archäologische Evidenz belegt geradezu, dass dieser Wettstreit unter anderem auch ein kriegerischer war. (Eibl-Eibesfeld 1975, 152)

Fromms Argument, dass bösartige Aggression bei Menschen kein Instinkt, sondern lediglich eine Frage des Charakters sei und deshalb mittels Veränderungen in unserer sozioökonomischen Struktur überwunden werden könne, ist nicht sehr überzeugend. Diejenigen, die an das Vorhandensein „böser" Aggression im Genom des Menschen glauben, können darauf verweisen, dass primitive Waffen wie Keulen, Speere, Pfeil und Bogen sehr alte Erfindungen sind. Archäologen datieren die ältesten Funde von Speeren mit Steinspitzen auf die Zeit vor 500.000 Jahren. Und nicht nur beim Menschen, sondern auch beim Schimpansen hat man herausgefunden, dass sie Holzspeere machen.[3]

[3] „Die ältesten Steinspitzen, deren Interpretation als Pfeilspitzen aber umstritten ist, stammen aus dem Abri Sibudu (Provinz KwaZulu-Natal, Südafrika) und sind etwa 64.000 Jahre alt. Früheste Nachweise außerhalb Afrikas (Sri Lanka) sind ca. 48.000 Jahre alt. In Europa gibt es seit dem Solutréen (etwa 22.000 bis 28.000 v. Chr.) gestielte Spitzen aus Feuerstein, die wahrscheinlich Pfeilspitzen

Wenn wir nun aber akzeptieren, dass es sehr wohl Konflikte um Jagdgründe und Wasserstellen gab (Fromm bestreitet das nicht), dann ergibt sich daraus logischerweise die Frage, warum eine zahlenmäßig schwächere Horde nicht versucht haben sollte, ihre Wasserstellen und Jagdgründe gegen den Versuch einer stärkeren Horde zu verteidigen, sie ihres *territorialen Besitzes* zu berauben. Wilde Tiere fast aller Spezies machen das mit ihren Waffen, nämlich mit Zähnen und Klauen. Unsere nächsten Verwandten in der Tierwelt, die Schimpansen, tun dies auch. In Indien dulden sogar die streunenden Hunde in der Stadt und oft auch diejenigen, die bei menschlichen Familien wohnen, im Allgemeinen nicht das Eindringen fremder Hunde in ihr Revier (es sei denn es handelt sich um ein einsames Weibchen, das für die männlichen Hunde attraktiv genug ist). Auch unter Menschen kann man Beispiele von Bandenkriegen um Reviere finden, zum Beispiel in Städten wie Chicago, Los Angeles und London.

Nicht nur bei Straßengangs in den großen Städten, sondern bei den Menschen allgemein kann ein gewisses Maß an Widerstand gegen zu viele Fremde, die in die Stadt oder das Land insgesamt kommen („Überflutung“), in der Tat der Effekt einer angeborenen Abneigung oder Furcht vor fremden (oder einfach unbekannten) Menschen sein. Das Flüchtlingsproblem im heutigen Europa hat nicht nur ökonomische Gründe. Wenn man die sich sträubenden Einheimischen nach dem Grund für ihre Abneigung fragt, dann mögen sie wirtschaftliche und/oder kulturelle Gründe angeben. Doch Humanethologen haben dieses Widerstreben selbst bei kleinen Kindern beobachtet, wenn auch in Gestalt von Furcht.

waren. Sie können als ältester indirekter Beweis für die Existenz des Bogens gewertet werden.“ (https://de.wikipedia.org/Wiki/Bogen_(Waffe), aufgerufen am 5.7.2024) „Die Herstellung von Speeren und deren Gebrauch ist nicht auf die Menschen beschränkt. Diese Praxis findet sich auch bei den westlichen Schimpansen. Schimpansen in der Nähe von Kédougou im Senegal konnte man dabei beobachten, wie sie Speere herstellten, indem sie gerade Äste von Bäumen abbrachen, die Rinde und die Seitenzweige entfernten und ein Ende mit den Zähnen schärften. Dann benutzten sie diese Waffe, um in Hohlräumen schlafende Galagos [Ohrenmakis, eine Halbaffenart; d. Übers,] zu jagen.“ (https://en.wikipedia.org/wiki/Spear; aufgerufen am 6.7.2024)

Der archäologische Befund

Im Zusammenhang mit paläolithischen Waffen haben wir weiter oben bereits das Feld der archäologischen Beweise betreten. Stellen wir uns nun die Frage, ob primitive Menschengruppen der Steinzeit diese Waffen nicht nur für die Jagd, sondern auch für aggressive, gewaltsame Akte gegeneinander benutzten. Wir können nun für Letzteres einiges anführen, was dies als wahrscheinlich erscheinen lässt.

Eibl-Eibesfeld sowie Meller und Schefzik, die selbst Archäologen sind, führen zahlreiche Daten aus den Arbeiten früherer Archäologen an, die Reste von Schädeln und anderen menschlichen Gebeinen aus verschiedenen Perioden der Steinzeit ausgruben und analysierten. Die zitierten Archäologen hatten herausgefunden, dass in allen Abschnitten der Steinzeit Menschen andere Menschen töteten – manchmal mit Steinäxten, manchmal mit Pfeilspitzen aus scharfen Steinsplittern. Dies ist der Beleg für tödliche Gewalt, aber an sich noch nicht für Krieg in der Steinzeit. Doch man fand in Höhlenmalereien jener Zeit auch Beweise für das, was man Krieg zwischen verfeindeten Menschengruppen nennen könnte. Sie konnten nicht immer genau datiert werden, doch sie stellen allesamt Krieg zwischen Gruppen von primitiven, in jedem Fall vorzivilisatorischen Menschen dar. Einige konnten jedoch auf das Paläolithikum (Altsteinzeit) oder Neolithikum (Jungsteinzeit) zurückdatiert werden.

Doch warum sollten primitive Menschengruppen überhaupt gegeneinander gekämpft haben? Und wie könnten viele oder die meisten männlichen Individuen einer Horde bereit sein, eine Angriffsgruppe zu bilden? Ich möchte auf diese zweite Frage zuerst eine Antwort zu finden versuchen. Morris nennt diese Bereitschaft „unser Verderben“ und schreibt:

> Solcher Selbstvernichtung leistet die bei uns so kräftig ausgebildete Bereitschaft zum gemeinsamen Handeln besonderen Vorschub. Erworben haben wir diese Eigenschaft im Zusammenhang mit der jägerischen Lebensweise, und das war gut so. Jetzt aber schlagen wir uns mit diesem unserem Zusammenstehen und Zusammenwirken selbst: Der starke Trieb, *einander beizustehen*, der entstanden ist aus den Erfordernissen der gemeinsamen Jagd, liegt nun auch bereit zu einem mächtigen Ausbruch anlässlich von Aggressionshandlungen innerhalb der Art. Aus dem getreulich Seite an Seite Stehen bei der Jagd wurde das *treu Seite an Seite Kämpfen* – und *damit war*

> *der Krieg geboren.* Man kann es nur als eine Ironie des Schicksals bezeichnen, wenn ausgerechnet die Entwicklung des tief in uns verwurzelten Triebes, dem Nachbarn und Gefährten zu helfen, zur Hauptursache all der Schrecken des Krieges geworden ist. Dieser Trieb sorgt dafür, dass wir uns zu tödlich aggressiven Banden, Horden und Heeren zusammenrotten, denn ohne ihn würde jeder Zusammenhalt fehlen, und die Aggression wäre wieder jedermanns ureigenste Angelegenheit. (Morris 1968, 264-265; Hervorhebungen S. S.)[4]

Doch bevor Loyalität im Kampf eingefordert werden konnte, musste es einen Grund für den Kampf gegeben haben. Was waren diese Gründe damals? Ich habe weiter oben die Antwort von Eibl-Eibesfeld auf diese Frage zitiert. Meller und Schefzik schreiben:

> Eine stark zunehmende Bevölkerungsdichte und Klimawechsel könnten Ressourcenmängel verursacht und infolgedessen zu einer europaweiten Krise mit kriegerischen Konflikten geführt haben. (Meller/Schefzik [Hg.] 2015, 105)

Im Zusammenhang mit dem archäologischen Fund des Friedhofs Jebel Sahaba (Sudan, 13.000 Jahre alt) wurde festgestellt, dass wahrscheinlich, wenn die Datierung stimmt, kriegsähnliche Gewalt anlässlich einer lokalen Umweltkrise ausbrach, die zu einer Ressourcenknappheit führte.[5]

Andere Gründe für Gewalt zwischen benachbarten Siedlungen könnten Rache, Demonstration von Überlegenheit, das Wildern im Revier der anderen Gruppe und die Entführung von Sklaven gewesen sein.

[4] Das vom Autor zitierte englische Original weicht im Wortlaut geringfügig von der deutschen Version ab; d. Übers.

[5] „Hoffman vertrat die Meinung, dass der Konflikt auf einen Klimawandel zurückzuführen ist. In der späten Altsteinzeit hatte die Kultur von Qadan als eine der ersten Kulturen überhaupt das Ernten von Feldfrüchten entwickelt. Doch klimatische Veränderungen reduzierten die Ernteerträge, und der daraus resultierende Mangel an Ressourcen könnte der Auslöser für lokale soziale Gruppen gewesen sein, mittels gewaltsamer Kämpfe wie in Jebel Sahaba in einen Wettstreit um die Ressourcen eingetreten zu sein. Die Behauptung Hoffmans war nicht bestritten worden. Jahrzehnte später stellte eine Studie aus dem Jahr 2021 fest, dass ‚größere klimatische und Umweltveränderungen' nach wie vor die wahrscheinlichste Erklärung abgeben'." (https://en.wikipedia.org/wiki/Jebel_Sahaba; aufgerufen am 6.7.2024)

Wenn jedoch jemand gemeint haben sollte, dass nach all diesen starken Belegen durch archäologische Befunde die Debatte beigelegt worden wäre, dann irrt er. Denn sogar noch im Jahr 2013 hielt der Evolutionsbiologe Prof. Barash den aufkommenden populären Konsens über „unsere biologische Prädisposition zum Krieg für wissenschaftlich schwach“. Er schrieb: Auch wenn es beträchtliche Gründe zur Annahme gibt, dass wenigstens einige der Hominiden unter unseren Vorfahren in kriegsähnliche Aktivitäten verstrickt waren, so gibt es auch eine vergleichbare Wahrscheinlichkeit, dass dies bei anderen nicht der Fall war.“ Und weiter schreibt er: „Ich stelle die Neigung von Beobachtern – seien sie nun Wissenschaftler oder Laien – ernsthaft infrage, aus kleinen Fallbeispielen [...] unserer zweifellos in sich unterschiedlichen Spezies allgemeine Schlüsse zu ziehen“, insbesondere zu etwas so Komplexem wie Krieg (Barash 2013).

Ein wichtiger Faktor für prähistorische Konflikte und Kriege muss der Mangel an Frauen und der Kampf um sie gewesen sein. Prähistoriker nehmen an, dass in prähistorischen Zeiten junge Frauen in großer Zahl bei der Niederkunft starben. Deshalb – so folgern sie – hatten junge Männer um Frauen zu kämpfen. Schließlich zählt Fromm den „Zugang zu Individuen des anderen Geschlechts“ zu den vitalen Interessen aller Tiere, einschließlich der Menschen. Solche Kämpfe fanden sicherlich innerhalb einer Gruppe statt, doch oft auch zwischen verschiedenen Gruppen, was möglicherweise zu Überfällen des Reviers anderer Gruppen führte, um deren Frauen habhaft zu werden. Lawrence Keeley schreibt:

> Die Gefangennahme von Frauen war eine der Siegestrophäen – und gelegentlich eines der Hauptziele des Krieges – für viele Stammeskrieger. In vielen Gesellschaften wurden die Frauen, wenn die Männer einen Kampf verloren hatten, gefangen genommen und gezwungen, sich in die Gesellschaft derer, die sie gefangen genommen hatten, einzufügen. Die meisten Indianerstämme im Westen Nordamerikas führten wenigstens gelegentlich Raubzüge aus, um Frauen gefangen zu nehmen. (Keeley 1997, 86)

Ein archäologischer Beweis oder vielmehr Hinweis auf solch einen Raubzug wurde zum Beispiel im Jahr 1983 an der Ausgrabungsstätte des Talheimer Massengrabs in Deutschland gefunden. Analysen der dort gefundenen Skelette legen nahe, dass prähistorische Männer aus benachbarten Stämmen bereit waren, gegeneinander zu kämpfen und einander zu töten, um Frauen gefangen zu nehmen und sich zu sichern.

Einige Geschichten von der Entführung von Frauen und Ähnlichem kann man auch in antiken Epen zivilisierter Gesellschaften wie in *Ramayana* und *Mahabhartata* des alten Indien oder in der *Ilias* von Homer finden.

Parallelen aus der Primatenforschung

Dass die Schimpansen unsere nächsten Verwandten im Tierreich sind, ist eine bekannte wissenschaftliche Tatsache. Etwa 99% der Gene haben wir mit ihnen gemeinsam. Deshalb nannte Desmond Morris den Menschen den *nackten Affen* und Jared Diamond nannte ihn den *Dritten Schimpansen.* Gibt es Parallelen im Verhaltensmuster der beiden Spezies? Kann es sein, dass sowohl die Schimpansen als auch der Homo sapiens von den seit Langem ausgestorbenen Affenarten, von denen sie beide abstammen, eine genetische Disposition zu Gewalt innerhalb der eigenen Spezies, zu Tötungen und Angriffen der einen Gruppe auf die andere, zu Hyperaggression und Krieg geerbt haben?

Schimpansen leben in Gemeinschaften und kleineren Gruppen. Es wurde ein fremdenfeindliches Verhalten zwischen Gruppen beobachtet, die verschiedenen Gemeinschaften angehören. Sie haben ein starkes Empfinden für das eigene Revier. Keine Gruppe duldet das Eindringen einer Gruppe einer anderen Gemeinschaft ins eigene Territorium. Deshalb kommt es an den Grenzen der Territorien oftmals zu lauten Zusammenstößen. Dabei handelt es sich nicht einfach um Rituale, wie sie auch bei anderen Spezies üblich sind. Bei den Schimpansen arten sie oft in Gewalt aus, die Entschlossenheit demonstriert.

Es wurde jedoch auch beobachtet, dass eine Gruppe männlicher Schimpansen mörderisch wird, wenn sie auf eine kleinere Gruppe stößt, insbesondere, wenn sie auf ein einzelnes Individuum aus einer anderen Gemeinschaft trifft.

In der einschlägigen Literatur findet sich ein bekanntes Fallbeispiel, das später als Krieg einer Schimpansengruppe (Kasekala) gegen eine andere (Kahama) interpretiert wurde. Es handelt sich um den ersten beobachteten Fall dieser Art. Er wurde im Jahr 1974 von Primatenforschern des Gombe Stream Research Center in Tansania dokumentiert. Man beobachtete, dass die Männchen der Kasekala-Gruppe die Grenze zum Territorium der Kahama-Gruppe überschritten, ein einzelnes Männchen der anderen Gruppe attackierten, das sich gerade einer Mahlzeit erfreute, und es so schwer verwundeten, dass es später seinen Verletzungen erlag. Schimpansen sind allgemein dafür bekannt, dass sie ein ausgeprägtes Bewusstsein vom Territorium einer Gruppe haben. Das Überschreiten der Grenze und der Angriff wurden deshalb als willentlicher Akt interpretiert.

Um die Erzählung abzukürzen, fasse ich den weiteren Fortgang wie folgt zusammen: Im Laufe dreier weiterer Jahre wurden alle anderen sechs männlichen Mitglieder der Kahama-Gruppe getötet, das heißt sie wurden schwer misshandelt und verletzt und danach nicht mehr gesehen. Um 1977 gab es die Kahama-Gruppe nicht mehr (Details in Wrangham/Peterson 2001, 20-26). Ähnliche Beobachtungen wurden auch im Kibale-Nationalpark in Uganda (s. Meller/Schefzik 2015) und in den Mahale-Bergen in Tansania gemacht. Nach solchen „Kriegen" übernahmen die Sieger das frei gewordene Territorium und die Weibchen der besiegten Gruppe.

Dies sind Beispiele von Kriegen um ein Territorium. Doch Tötungen wurden auch innerhalb einer Gemeinschaft, ja sogar innerhalb einer Gruppe beobachtet, und zwar im Zuge von Machtkämpfen. In solchen Fällen verbündet sich eine Anzahl von Männchen, um einen Rivalen zu töten. Es wurde auch beobachtet, dass ein starkes Weibchen mit Hilfe eines Männchens oder eines weiteren Weibchens die Nachkommenschaft eines schwächeren Weibchens tötete.

Der Primatenforscher Frans de Waal kommt zum Schluss, dass Schimpansen Tendenzen zur Identifizierung mit der Gruppe aufweisen, und behauptet: „Zweifellos sind Schimpansen fremdenfeindlich." (De Waal 2015, 185) Solche Beobachtungen unter Schimpansen mögen uns glauben machen, dass auch primitive Menschen solche aggressiven und fremdenfeindlichen Typen waren und dazu neigten, solche „Kriege" gegen verfeindete Gruppen von Menschen zu führen.

Bei meiner Lektüre zu diesem Thema fiel mir einige Unklarheit bezüglich des Gebrauchs des Ausdrucks „Gruppe" auf. Die Autoren benutzten zwei Termini: eine „Gemeinschaft" kann in kleinere „Gruppen" untergliedert sein. Es ist jedoch nicht klar, ob die Aufsplitterung vorübergehender oder dauerhafter Natur ist und ob sich solche Gruppen im Lauf der Zeit als andere Gemeinschaften empfinden. Allen Berichten über den „Krieg“ zwischen den Kasekala und den Kahama zufolge waren die beiden Gruppen bis wenige Jahre zuvor Mitglieder derselben „Gemeinschaft“, das heißt sie waren nahe Verwandte und Freunde. Und dennoch *wurden* sie verfeindete Gruppen. De Waal schreibt:

> Bei den Gruppenkämpfen von Gombe zeigten sich zwei weitere, noch irritierendere Phänomene bei Schimpansen, die einander bereits kannten. Im Verlauf der Jahre spaltete sich eine Gemeinschaf in eine nördliche und eine südliche *Gruppe* auf, die schließlich zu separaten Gemeinschaften wurden. Diese Schimpansen hatten miteinander gespielt und sich gegenseitig geputzt […] und in Harmonie gelebt. Nichtsdestoweniger begannen die Gruppen einander zu bekämpfen. […] Noch nicht einmal die ältesten Mitglieder der Gemeinschaft wurden in Ruhe gelassen. Ein äußerst zerbrechlich wirkender männlicher Schimpanse, Goliath, wurde zwanzig Minuten lang verprügelt und herumgezerrt. Alles, was mit der feindlichen Gruppe zu tun hatte, wurde attackiert. (De Waal 2015, 188; Hervorh. S. S.; Übers. geringfügig verbessert; d. Übers.)

Ähnliche Entwicklungen wurden im alten indischen Epos *Mahabharata* beschrieben.

Sozialpsychologen haben Experimente mit Menschen durchgeführt, die zeigen, wie schnell und leicht neue, künstlich gebildete Gruppen zu einer neuen *Gruppenidentifikation* führen. In diesen Experimenten wurden die Gruppen durch ein Losverfahren unter Menschen gebildet, die einander fremd waren oder die sich gut kannten und/oder früher zu ein und derselben Gruppe (z.B. einer Schulklasse) gehörten. In den Experimenten, das heißt in einem Gefängnisspiel, musste eine Gruppe (die Wärter) Dinge tun, die dem Wohlbefinden der anderen Gruppe (Gefangene) schadeten, oder sie (elfjährige Schuljungen) trugen während eines Sommerferienlagers Wettbewerbe um Ehrentrophäen aus. Im ersten Experiment wussten die Beteiligten, dass sie lediglich Rollen spielten. Im zweiten Experiment wussten die Jungen, dass die Ferien im Sommerlager von kurzer Dauer sein würden. Dennoch nahmen sie ihre Rollen sehr ernst, und die künstlich gebildeten Gruppen wurden bald zu Identifikationsgruppen. Was als Experiment bzw. als freundliche sportliche Begegnung begonnen hatte, wurde böse (Zu den Details s. De Waal 2015, 186; Wrangham/Peterson 2001, 242-245). De Waal kommentiert das folgendermaßen: „Das Denkschema ‚wir gegen die anderen‘ fällt uns bemerkenswert leicht.“ (De Waal 2015, 186)

Der edle Wilde?

In den 1960er und 1970er Jahren stützte man die Auffassung vom Wesen des Menschen hauptsächlich auf anthropologische (ethnologische)[6] Studien und Beobachtungen lebendiger primitiver Menschen, die bis dahin von Leuten aus dem Abendland gemacht worden waren. Die Ideologie des „edlen Wilden" war unter den Gelehrten und Intellektuellen vorherrschend. Die meisten populären und wissenschaftlichen Arbeiten bis in die 1970er Jahre waren von dieser Ideologie beeinflusst und reproduzierten sie. So zitiert etwa Marshall Sahlins aus Paul Le Jeunes 1897 wieder abgedrucktem Bericht „Relation of What Occured in New France in the Year 1634" über die Montagnais, ein Indianerstamm Nordamerikas:

> Wenn meine Gastgeber während der Hungersnot, die wir durchlebten, zwei, drei oder vier Biber erbeuteten, gaben sie sofort […] ein Festmahl *für alle benachbarten Wilden.* Und wenn diese ebenfalls etwas erbeutet hatten, feierten sie gleichzeitig ein Fest. […] Ich sagte ihnen, dass sie gerade nicht besonders gut dastünden und dass es besser wäre, sich solche Feste für künftige Tage aufzusparen […]. Sie lachten mich aus: „Morgen" (sagten sie) „werden wir mit dem, was wir erbeuten, ein weiteres Festmahl veranstalten." Ja, aber sehr häufig fingen sie nichts als Wind und Kälte. (Sahlins 2024, 99; Hervorhebung S. S.)

E. R. Service, dessen Buch *The Hunters* die verständlichste Darstellung der anthropologischen und ethnologischen Funde zu den primitiven Jägern und Sammlern darstellt, schreibt:

> Aufgrund unseres eigenen Wirtschaftssystems haben wir uns daran gewöhnt, zu glauben, menschliche Wesen hätten eine „natürliche Neigung zu schachern und zu handeln" und die wirtschaftlichen

[6] Anthropologie und Ethnologie sind zwei Disziplinen, zwischen denen einige Unterschiede festgestellt werden können. Zunächst zur Definition der beiden Begriffe: Anthropologie ist ein Forschungsgebiet, das sich auf die Ursprünge, die Gesellschaften und die Kulturen der Menschen konzentriert. Ethnologie ihrerseits ist die Erforschung der Charakteristika verschiedener Völker. Der Hauptunterschied zwischen beiden Disziplinen kann folgendermaßen gefasst werden: Während die Anthropologie als ein übergreifendes Forschungsgebiet aufgefasst werden kann, ist die Ethnologie lediglich ein untergeordnetes Fachgebiet.

> Beziehungen zwischen den Einzelnen oder den Gruppen seien gekennzeichnet durch […] die „Maximierung“ des Erfolges unserer Bemühungen, dadurch, dass man „billig einkauft und teuer verkauft“. Die Primitiven tun jedoch nichts dergleichen; meist hat man vielmehr den Eindruck, dass sie das Gegenteil tun. Sie „geben Sachen weg, sie bewundern Freigebigkeit, sie erwarten Gastfreundschaft, sie bestrafen Sparsamkeit als Egoismus. (zit. bei Fromm 1977, 159)

Über die allgemeine Entwicklung der Gesellschaft bei primitiven Jägern schreibt Sahlins in starkem Gegensatz zu dem, was Lorenz im Jahr 1963 über die Entwicklung der Kriegertugenden bei primitiven Menschen durch extrem positive Selektion schrieb, und auch im Gegensatz zur Schlussfolgerung der Primatenforscher (s. weiter oben):

> In selektiver Anpassung an die Gefahren der Steinzeit überwand oder unterdrückte die menschliche Gesellschaft solche den Primaten eigenen Neigungen wie Egoismus, beliebige Sexualität, Herrschsucht und rücksichtslose Konkurrenz. Sie ersetzte den Konflikt durch verwandtschaftliche Nähe und Zusammenarbeit und ordnete den Sex der Solidarität und die Macht der Moral unter. In ihren frühesten Tagen brachte sie die größte Reform der Geschichte zustande, die Überwindung der Primatennatur, und damit sicherte sie die evolutionäre Zukunft der Spezies. (Sahlins 1960)

In Bezug auf Krieg und Kriegertugenden stimmten die meisten Autoren dieser Zeit darin überein, dass prähistorische Kriege selten, harmlos, unbedeutend gewesen seien und dass Krieg lediglich eine Krankheit zivilisierter Gesellschaften sei. Dieser Auffassung zufolge war Krieg bei den primitiven Völkern wenig mehr als ein ritualisiertes Spiel mit einer begrenzten Zahl an Opfern und relativ milden Folgen der Aggression.

So hat es D. Pilbeam zufolge natürlich gelegentliche Fehden, aber keineswegs Kriege unter den primitiven Menschen gegeben. In solchen Gesellschaften seien Kriege nicht mehr als Racheakte für angebliche Hexerei oder infolge von alten Familienfehden gewesen. Gruppen von Primitiven kämpften niemals gegeneinander. Und es ist schwer vorstellbar, wie eine ganze Gemeinschaft ihre Männer zusammenrufen hätte können, um ihr Territorium gegen eine andere zu verteidigen, oder warum sie dies hätte tun sollen.

H. H. Turney-High zufolge sind Furcht, Zorn und Frustration natürlich universale Erfahrungen. Doch die Kunst der Kriegführung entwickelte sich spät innerhalb der Evolution des Menschen. Er meint, dass die meisten primitiven Gesellschaften nicht in der Lage waren, Krieg zu führen, weil dies ein hohes Niveau an Begriffsbildung voraussetze. Die meisten von ihnen hatten keinen Begriff von Organisation, der notwendig ist, wenn jemand ein benachbartes Territorium erobern will. Die meisten Kriege bei den primitiven Völkern waren lediglich bewaffnete Handgemenge und keineswegs Kriege (vgl. Fromm 1977, 169-170).

Die Auffassung vom edlen Wilden wurde in den darauf folgenden Jahrzehnten nach und nach aufgegeben, verändert oder revidiert, als es mehr archäologische Ausgrabungen von Steinzeitsiedlungen gab. Keeley fasst diese Entwicklung folgendermaßen zusammen:

> Selbst heute noch spiegeln die meisten Ansichten über prähistorische (und Stammes-)Kriege zwei alte und sich hartnäckig haltende Mythen wider: den des Fortschritts und den des *Goldenen Zeitalters*. Der Fortschrittsmythos stellt das ursprüngliche Stadium der Menschheit als von Unwissenheit geprägt, elend, brutal und gewalttätig dar. Jede durch menschlichen Erfindungsgeist oder hilfreiche Götter eingeführte künstliche Komplexität hat nur dazu gedient, das Wohlergehen, den Komfort und den Frieden der Menschen zu vermehren und somit die Menschen aus ihrem hässlichen und verletzenden Naturzustand emporzuheben. Der gegenteilige Mythos behauptet, dass zivilisierte Menschen aus einem Zustand der Gnade – eines einfachen und ursprünglichen Glücks, eines friedlichen Goldenen Zeitalters – herausgefallen sind. Alle Ablagerungen von Fortschritt vervielfachen lediglich Gewalt und Leid. Die Zivilisation ist der traurige Zustand, den unsere Sündhaftigkeit, unsere Gier und unser technischer Hochmut uns beschert haben. In der Moderne wurden diese alten Mythen von Hobbes und Rousseau zu dauerhaften philosophischen Grundhaltungen gegenüber primitiven und prähistorischen Völkern entwickelt. (Keeley 1997, 4f.)

Das alles scheint eine Angelegenheit der Definition unterschiedlicher Begriffe zu sein: Fehde, bewaffnetes Handgemenge, Schlacht oder Krieg. Keely schreibt dazu:

> Turney-High zog eine sehr klare Linie, buchstäblich einen militärischen Horizont, jenseits dessen *echte Kriege* zwischen Staaten geführt wurden und diesseits dessen es lediglich zu *Schlachten* unter Primitiven *unter dem Niveau des Militärischen* gekommen sei. Er sprach von primitiven Kriegen als kindische Angelegenheiten, „in denen sich die Wege der Kindheit der Menschheit widerspiegeln". (Keeley 1997, 10; Hervorh. S. S.)

Wie dem auch sei: Der Hauptpunkt, auf den es hier für unsere Untersuchung ankommt und den wir hier betonen sollten, ist, dass dies alles Ausdrücke für gewaltsame Konflikte *zwischen Gruppen* und *nicht innerhalb einer Gruppe* sind, die tatsächlich bei primitiven Menschen existierten.

Der Anthropologe und Verhaltensforscher Eibl-Eibesfeld schreibt:

> Die Vorstellung vom Paradies, aus dem wir Menschen vertrieben wurden, hat auch in die Aggressionsforschung Aufnahme gefunden. Der Mensch sei früher friedlich gewesen, heißt es bei einer ganzen Reihe von Autoren. Erst mit der Entwicklung des Garten- und Ackerbaus hätten sich Besitzstreben und Streit entwickelt; Unverträglichkeit entspräche demnach nicht der Natur des Menschen. Und diese Schlussfolgerung scheint viele zu beruhigen: Wir Menschen sind ja gar nicht so böse, also wird es schon gut gehen. In der Diskussion um die Natur des Menschen erlebt die Rousseau'sche These vom friedfertigen Urmenschen eine Renaissance. (Eibl-Eibesfeld 1975, 149)

Psychoanalytische Perspektiven

Bislang habe ich Theorien von Verhaltensforschern und ihrer Kritiker dargestellt und diskutiert. Doch lange vor Lorenz und seinen Freunden haben Sigmund Freud und einige andere Vertreter dessen, was heute „Tiefenpsychologie" genannt wird, ähnliche Ansichten zu diesen und ähnlichen Fragen zum Ausdruck gebracht.

In seinem berühmten Brief an Albert Einstein (1933) schrieb Freud ausdrücklich von der Existenz eines Aggressionstriebes bzw. Destruktionstriebes beim Menschen. Selbst Einstein hatte sich in seinem Brief, auf den Freud antwortete, darüber gewundert, dass es so leicht war, die Menschen davon zu begeistern, einen Krieg zu beginnen oder mitzumachen, und vermutete, dass da etwas in ihnen am Werk sei, eine Art Drang zu hassen und zu zerstören. Freud stimmte völlig zu und entwickelte dann die psychoanalytische Trieblehre (vgl. Einstein/Freud 1972).

Er nahm zwei Arten einander entgegengesetzter Triebe an: Eros (Liebestrieb), also Triebe, die bewirken, dass das Lebewesen am Leben bleibt und sich vereint, und Thanatos (Todestrieb), das heißt Triebe, die das Lebewesen zum Tod hindrängen. Im realen Leben wirken diese beiden Triebe zusammen und vermischen sich. Eros hindert Thanatos daran, schnell Erfolg zu haben. Deshalb wird die Energie von Thanatos nach außen gewandt, und es kommt zur Aggression gegenüber anderen anstatt gegen sich selbst (vgl. vor allem Freud 1975).

Freud selbst schrieb in besagtem Brief, dass seine Triebtheorie in der Tat bloß eine theoretische Apotheose des berühmten Gegensatzes von Liebe und Hass sei.

Auch Alfred Adler – der ursprünglich der Gruppe um Freud angehörte, sich davon unabhängig machte und originelle eigene Ansichten über die Natur des Menschen entwickelte – hatte sogar bereits vor Freud die Existenz eines Aggressionstriebes als eines grundlegenden Triebes innerhalb der menschlichen Natur postuliert. Im Ersten Weltkrieg sah er das Ergebnis eines übertriebenen Machtstrebens, und später in seinem Leben betrachtete er jegliche Art von Feindschaft und Destruktivität als eine Überkompensation oder falsche Kompensation der Furcht und des Minderwertigkeitsgefühls. Im Willen zur Macht sah er lediglich die Deformation eines genuinen menschlichen Strebens nach Vollkommenheit (vgl. Rattner 1995, 28ff.).

Schlussfolgerungen

Ziel dieses Buches ist nicht der Versuch, zu so etwas wie einem endgültigen *wissenschaftlichen* Ergebnis zur Aggression beim Menschen zu kommen. Ich bin schlicht nicht genug qualifiziert, um das zu leisten. Doch es mag in Ordnung gehen, dass ich am Schluss dieses Kapitels einige schlussfolgernde Kommentare formuliere.

Es ist nicht möglich, irgendeinen direkten konkreten Beweis zu liefern, der Lorenz' These stützt. Was immer man an Belegen aus der heutigen Welt (oder der schriftlich überlieferten Geschichte) anführen mag, käme zwangsläufig aus dem Verhalten von Menschen, die in der

Zeit der Zivilisation leben oder lebten. Der archäologische Befund, der hier aus der weiteren Literatur aufgeführt wird, bezieht sich auf Menschen, die in der Steinzeit lebten. Wir wissen heute, dass sie „Krieg" führten, aber *wir wissen nicht, was ihre Motive waren*; wir können lediglich begründete Vermutungen anstellen. Empfanden sie so etwas wie einen „hydraulischen Druck" im Sinne von Lorenz, bevor sie eine aggressive Handlung an ihren Mitmenschen (oder unbelebten Gegenständen) verübten? Wir können sie nicht fragen.

Schlussfolgerungen über die menschliche Natur auf der Grundlage von tierischem Verhalten zu ziehen, wie dies Verhaltensforscher getan haben, hilft uns nicht viel, denn man kann sie leicht mit dem Argument entkräften, dass Menschen nicht einfach Tiere sind. August Kaiser schreibt:

> Der neugeborene Mensch ist eigentlich erst der Möglichkeit nach ein Mensch, er ist ein animalisches Lebewesen, das erst im mitmenschlichen Kontaktfeld diejenigen Bedürfnisse ausbildet, welche die menschliche Daseinsart charakterisieren. […] Der Neugeborene muss also erst im umfassendsten Sinne des Wortes „zu leben lernen". […] Er ist wesentlich auf das angewiesen, was ihm vermittelt wird. In seiner enormen Schwäche und Hilflosigkeit bedarf er großer Pflege und Zuwendung, um im Leben überhaupt Fuß fassen zu können. (Kaiser 1973, 60-61)

Dieser Prozess, im Verlauf dessen man „ein sozialer Mensch wird", ist heikel und sehr störanfällig. Das Sozialverhalten im späteren Leben bekommt hier seine *entscheidende* Gestalt. Für dieses Verhalten ist deshalb die allgemeine genetische Ausstattung nicht entscheidend.

Wenn wir uns nun entschließen, unser Nachdenken auf die Aggression gegenüber Menschen zu beschränken, die in und unter dem Einfluss der Zivilisation lebten und leben, dann spricht viel für die These Erich Fromms und der „Progressiven". Doch das Zeitalter der Zivilisation ist erst etwa fünftausend Jahre alt. Und Spezies des Genus Homo leben seit ungefähr zwei Millionen Jahren auf dem Planeten.[7] Ebenso

[7] Die zwei ältesten Spezies des Genus Homo sind der Homo rudolfensis und der Homo habilis, die etwa vor 2,5 Mio. bis 1,5 Mio. Jahren lebten (https://de.wikipedia.org/wiki/Homo; aufgerufen am 9. 7. 2024). „Moderne" Menschen der Spezies Homo sapiens gibt es seit etwa 300.000 Jahren, wie fossile Funde belegen (https://de.wikipedia.org/wiki/Mensch; aufgerufen am 9.7.2024).

alt sind die meisten Gene, die den Menschen ausmachen. Moderne Menschen sind natürlich Produkte der Kultur, aber sie sind dennoch eine Affenart. Sollen wir auch die Genwissenschaften und die Evolutionstheorie bestreiten? Das Vorhandensein von böser Aggression (Lorenz) oder Hyperaggression, wie Fromm das nennt, unter Schimpansen, unseren nächsten Verwandten, sollte als Hinweis auf unsere eigene Natur verstanden werden. Bereits Morris hat uns dazu geraten, „einen langen, schonungslosen Blick auf uns als *biologische Exemplare* zu riskieren und ein Verständnis unserer *Grenzen* zu erlangen. [...] Es hilft, uns einen Sinn der Verhältnismäßigkeit zu wahren und uns zu zwingen, das in Betracht zu ziehen, was unter der Oberfläche unseres Lebens vor sich geht.“ Des Weiteren rät er uns: „Sie sind ein Mitglied der *außergewöhnlichsten Tierart*, die je gelebt hat. Verstehen Sie ihre *tierische Natur* und akzeptieren Sie sie.“ (Morris 1994, Einleitung zur Neuauflage; Hervorh. S. S.)

In fast demselben Sinne schrieb Edward O. Wilson, Biologe und Hauptvertreter der Soziobiologie:

> In den Formen des Soziallebens und ihren geistigen Eigenschaften sind uns die Schimpansen in einem Maße verwandt, dass sie in gewissen Bereichen, in denen es einst als unschicklich galt, überhaupt Vergleiche anzustellen, als beinahe menschlich gelten können. Diese Tatsachen stehen im Einklang mit der Hypothese, dass menschliches Sozialverhalten auf einer genetischen Grundlage beruht – dass, um genauer zu sein, menschliches Verhalten von einigen Genen organisiert wird, die wir mit eng verwandten Arten gemeinsam haben, und von anderen, die allein der menschlichen Spezies zukommen. Dieselben Tatsachen sprechen nicht für die konkurrierende, seit Generationen in den Sozialwissenschaften vorherrschende Hypothese, dass die Menschheit sich so sehr von ihren Genen emanzipiert habe, dass sie vollständig von der Kultur bestimmt wird. (Wilson 1979, 37)

Die beste Schlussfolgerung aus diesem Kapitel könnte meiner Meinung nach ein Zitat des Humanethologen Eibl-Eibesfeld bieten:

> Das uns Angeborene legt uns nicht fest. Wir sind in der Lage, unsere Natur durch unsere Kultur zu beherrschen. Allerdings müssen wir zunächst einmal über uns selbst Bescheid wissen. Entscheidend ist, dass wir Menschen als erste Geschöpfe in der Lage sind, uns Ziele zu setzen und damit unserem Leben auch einen Sinn zu erteilen.

> Wir steigen damit nicht aus der Natur aus, aber wir begeben uns aktiv in neue Situationen, in denen neue Selektionsbedingungen auf uns einwirken. (Eibl-Eibesfeld 1990, 81)

Hierzu habe ich lediglich noch einen Kommentar: Wenn Verhaltensforscher den Ausdruck „Selektion" gebrauchen, dann meinen sie im Allgemeinen genetische Selektion. Meine Frage lautet: Kann eine Anpassung an neue Situationen durch einen Lernprozess, das heißt durch Kultur zustande kommen? Die Antwort lautet: Ja. Aber können sich solche erfolgreichen Anpassungen tief im Menschen verwurzeln? Als ob er auf meine Frage direkt antwortete, schreibt Wilson:

> Wenn man Gesellschaften strikt als Populationen auffasst, lässt sich die Beziehung zwischen Kultur und Vererbung deutlicher definieren. Die soziale Evolution der Menschen vollzieht sich auf einer doppelten Spur der Vererbung – einer kulturellen und einer biologischen. Die kulturelle Evolution ist lamarckistisch und verläuft sehr schnell, während die biologische Evolution darwinistisch ist und gewöhnlich sehr langsam verläuft. (Wilson 1979, 78)

Weiter unten schreibt er dann:

> Die Divergenz kann allerdings nicht zu groß werden, weil ihr letzten Endes die biologische natürliche Auslese der sozialen Umwelt, die durch die kulturelle Evolution geschaffen wurde, auf den Fersen bleibt. […] Ich will damit keineswegs die relativen Leistungen moderner Gesellschaften auf genetische Unterschiede zurückführen, aber […]: Es gibt eine Grenze, […] jenseits derer die biologische Evolution beginnen wird, die kulturelle Evolution auf ihren Stand zurückzuholen. (Wilson 1979, 79)

Dies mag die letzte Erklärung für das anomalen Phänomen sein, dass wir Menschen nun seit mehr als einem Jahrhundert versucht haben, einen andauernden globalen Frieden herzustellen, aber bis heute verschiedene Konflikte und Kriege in vielen Teilen der Welt erleben müssen.

Knappheit, Grenzen des Wachstums, begrenzte Ressourcen

Im ersten Kapitel habe ich mich in dem Abschnitt, der sich mit dem archäologischen Befund beschäftigt, auf die Auffassung einiger Archäologen bezogen, dass auch in der Steinzeit primitive Menschen auf Nahrungssuche (Jäger und Sammler) zumindest gelegentlich an materieller Knappheit und Armut litten, was möglicherweise auf ein Bevölkerungswachstum oder klimatische Wechselfälle und Launen der Witterung zurückzuführen war, die Dürren und Überflutungen oder eine Kombination von beidem bewirkten. Die Frage lautet lediglich, wie sie sich in solchen Situationen verhalten haben. Führten sie gewaltsame Angriffe auf benachbarte Gruppen durch, die vielleicht genug hatten, oder führten sie regelrecht Krieg gegen sie im Versuch, sie zu berauben? Oder teilten Letztere, was sie an Nahrung und sonstigem hatten, mit den notleidenden Nachbarn? Auf der Grundlage der empirischen Beweislage zogen Archäologen die Schlussfolgerung, dass „Krieg" in solchen Situationen katastrophaler Armut oder sogar Hunger zumindest nicht so ungewöhnlich war.

Wir haben ebenfalls bereits gesehen, dass Erich Fromm und viele Anthropologen und Verhaltensforscher des 19. und 20. Jahrhunderts aus ihren Beobachtungen bei primitiven Menschen ihrer Zeit schlossen, dass Letztere im Allgemeinen selbst in Hungerzeiten großzügig, kooperativ, freigiebig und nicht so kriegerisch waren, wie viele ihrer Zeitgenossen meinten.

Wir wissen, dass in unserer heutigen Welt – tatsächlich seit Beginn der Zivilisation, wenn nicht bereits seit der neolithischen Revolution, als die Menschen sesshaft wurden und Land bestellten – die Menschen im Allgemeinen ziemlich das Gegenteil dessen sind, was Fromm und andere Autoren seiner Denkrichtung von den Charaktereigenschaften primitiver Menschen annahmen. Die meisten von uns meinen, dass Menschen im Allgemeinen egoistisch, gierig, besitzergreifend und bereit sind und immer waren, ihr Eigentum und ihre besonderen Rechte notfalls mit Gewalt zu verteidigen.

Die Frage lautet, ob primitive Menschen im Allgemeinen in einem Zustand materieller Knappheit lebten und ob sie sich aus diesem Grunde abrackern mussten, um sich selbst zu erhalten. Die Jäger und Sammler, über die Marshall Sahlins schrieb, arbeiteten nur drei bis vier Stunden am Tag. Warum nicht mehr? Waren sie mit ihrem Maß an materiellem „Wohlstand" zufrieden? Als Antwort auf diese Frage schrieb Sahlins unter der Überschrift „Die ursprüngliche Wohlstandsgesellschaft":

> Denn schließlich führen zwei Wege zum Reichtum: Bedürfnisse können „leicht zu befriedigen" sein, indem man entweder viel produziert oder wenig begehrt. […] Der zweite Weg zum Wohlstand, der des Zen, geht nun aber von etwas anderen Prämissen aus als der bürgerliche: dass nämlich die materiellen Bedürfnisse der Menschen endlich sind und die technischen Mittel sich zwar kaum entwickeln, aber im Großen und Ganzen als angemessen bezeichnet werden können. Mit der Zen-Strategie kann eine Gruppe von Menschen eine unvergleichliche materielle Fülle genießen – bei niedrigem Lebensstandard. (Sahlins 2024, 40-41)

Bedürfnisse und Wünsche der modernen Weltbevölkerung

Wir wissen, dass wir modernen Menschen insgesamt im Laufe des drei- bis viertausend Jahre währenden Zeitalters der Zivilisation versuchen, unsere Wünsche leicht zu erfüllen, indem wir mehr produzieren, und nicht so sehr, indem wir weniger begehren. Dies ist der Weg zum Wohlstand, den bereits unsere Vorfahren, die die ersten jungsteinzeitlichen Bauern wurden, einschlugen. In der Vergangenheit gab es natürlich einige asketische Mönche und Weise, die dem anderen Weg folgten und wenig begehrten. Doch sie waren immer eine verschwindende Minderheit. Und heute stimmt kaum jemand der Zen-Strategie zu, wie das Sahlins nennt, nicht einmal die Mönche in Klöstern.

Doch es mag auch sein, dass der Druck einer langsam wachsenden Bevölkerung unsere Vorfahren nach und nach *zwang*, immer mehr zu produzieren. In diesem Falle produzierten sie kaum irgendeinen Wohlstand. Und wenn es ihnen gelang, mehr zu produzieren, aber gerade genug, um die bloßen materiellen Wünsche ihrer zahlreicher werdenden Bevölkerung zu befriedigen, dann erreichten sie das kaum auf leichte Art und Weise.

Historiker, die sich mit Demografie beschäftigen, haben ihre Schätzungen zur Bevölkerungsentwicklung in einem Schaubild präsentiert. Es zeigt, dass die Weltbevölkerung seit der Jungsteinzeit vor etwa 10.000 Jahren kontinuierlich, aber sehr langsam, zugenommen hat, bis wir in den letzten Jahrhunderten ein exponentielles und zeitweise sogar überexponentielles Wachstum zu verzeichnen hatten.[8]

Hier nur einige Zahlen aus den letzten Jahrzehnten: Im Jahr 1960 betrug die Zahl der Weltbevölkerung 3 Mrd., 1974 4 Mrd., 1987 5 Mrd., 1999 6 Mrd. 2011 7 Mrd. (Schriefl 2021, 60). Und nun, da ich dieses Buch schreibe, sind wir bereits bei mehr als 8 Mrd. angelangt.

Parallel zum Bevölkerungswachstum fanden einige andere Prozesse innerhalb der menschlichen Welt als ganzer, aber mehr oder weniger auch in jedem einzelnen Land statt.

Primatenforscher sagen uns, dass Schimpansen Hammer und Amboss erfanden, um Nüsse zu knacken, und aus dünnen Zweigen Werkzeuge machten, um essbare Ameisen aus einem Ameisenhügel zu holen. Bei den Menschen entwickelte sich der Prozess des Erfindens und Fabrizierens von Werkzeugen kontinuierlich auf einem weit höheren Niveau und immer schneller. Dadurch wurde die Produktion der für das Leben grundlegenden Güter tatsächlich leichter. Immer bessere und immer mehr Werkzeuge versetzten uns in die Lage, einen Überschuss zu produzieren, was unter anderem dazu führte, dass immer weniger Menschen an Hunger starben und die Bevölkerung schneller als zuvor wuchs.

Not, das heißt Hunger, war die Mutter der Erfindungen gewesen, wie es sprichwörtlich heißt. Doch in den folgenden Jahrhunderten und Jahrtausenden gewann der ursprüngliche Erfindergeist ein Momentum und entwickelte eine Eigendynamik. Und er zielte zunehmend darauf

8 https://en.wikipedia.org/wiki/Estimates_of_historical_word_population (aufgerufen am 12. 7. 2024). In etwa den ersten zehn Jahrtausenden nach der neolithischen Revolution (die man etwa um 10.000 v. Chr. datiert), wuchs die Bevölkerung sehr langsam. Wenn es während dieser Zeit überhaupt ein exponentielles Wachstum gab, dann auf sehr niedrigem Niveau.

ab, bessere Waffen für den Krieg zu produzieren sowie neue „Bedürfnisse" und Wünsche zu befriedigen, die der menschlichen Vorstellungskraft selbst entsprangen. Ein Marxist würde sagen: Grundbedürfnisse stehen in Relation zum Entwicklungsstand der Produktivkräfte. Otto Ullrich brachte dies prägnant, aber kritisch und in einem anderen Kontext auf den Punkt:

> Bei einem System, das Bedürfnisse über materielle Produkte zu befriedigen versucht, wird es […] für jede erreichte Stufe des „materiellen Wohlstands" immer wieder neu ungedeckte materielle Grundbedürfnisse geben, vor allem auch, weil dieses System notwendigerweise sehr erfinderisch ist in der Produktion neuer Luxusgüter, die dann Vorbilder werden für neue „Grundbedürfnisse". Dieses System wird immer zu arm sein […]. Was vorgestern das Radio war, war gestern der Schwarzweiß-Fernseher, ist heute das Farbgerät und wird morgen die dreidimensionale Bildproduktionsanlage sein. (Ullrich 1979, 108)

Linke aller Schattierungen werden dem kapitalistischen System und seinem Streben, durch Werbung immer mehr neue Bedürfnisse zu erzeugen, die Schuld geben. Doch ein griechischer Mythenschreiber war es, der Ikarus und Daedalus erfand, die wie Vögel flogen, und es war Jules Verne, der sich eine Reise zum Mond ausdachte. Keiner von beiden war ein Kapitalist.

Grenzen des Wachstums

Der Wettlauf von Bevölkerungs- und Produktivitätswachstum mittels immer mehr Verwendung von immer besseren Werkzeugen und anderer Maßnahmen wie Bewässerung, Manufaktur und Vier-Felder-System stieß an seine Grenzen. Als diese Grenze erreicht war, musste das Bevölkerungswachstum zu einer extensiven Landwirtschaft führen: Immer mehr Land kam unter den Pflug, immer mehr Vieh war in den Ställen, es kam zur Auswanderung in noch schwach besiedelte Länder und schließlich zur Eroberung neuer Kontinente und zum Kolonialismus. Die überschüssige Bevölkerung Europas wurde in die eroberten Kontinente ausgelagert, die keinesfalls *terra nullius* (Land, das keinem gehört, unbesiedeltes Land) waren. Diese Besiedlung erfolgte durch

Tötung, zum Teil durch eingeschleppte Krankheiten, oder durch Vertreibung der indigenen Bevölkerung in immer unwirtlichere Gegenden. Dies alles ist bekannte Geschichte.

Selbst für die Kreuzzüge, angeblich Militärexpeditionen zur Befreiung Jerusalems von muslimischer Herrschaft, war die Überbevölkerung den Historikern zufolge ein wichtiger Faktor. Die große Überzahl jüngerer Söhne des europäischen Adels war natürlich Ritter, doch sie hatten angesichts des geltenden Erbrechts weder die Chance auf ihr eigenes Territorium noch wollten sie Mönche oder Priester werden. In den Kreuzzügen sahen sie eine Gelegenheit, ihr eigenes Territorium zu bekommen. Sie waren es, die die Expeditionen anführten. Und die überzählige Landbevölkerung folgte ihnen ebenfalls als Fußsoldaten in Begleitung ihrer ganzen Familie und ihres Anhangs, um der Armut zu Hause zu entfliehen.

Der Historiker Robert Bartlett bestätigt diese Deutung der Kreuzzüge: Im 11. Jahrhundert war es aufgrund von günstigen klimatischen Bedingungen und neuen technischen Entwicklungen der Landbewirtschaftung in einigen europäischen Ländern zu einer Bevölkerungsexplosion gekommen. Dies führte auch zu einer Ausdehnung an den Rändern Europas.[9]

Dies war teilweise auch während der Eroberung Spaniens durch die Völker der iberischen Halbinsel der Fall. Jüngere Söhne aus einem Adelsgeschlecht und junge Leute aus der armen Unterschicht ergriffen die Initiative zur Kolonialisierung des amerikanischen Kontinents.

Malthus lag nicht falsch

Thomas R. Malthus war der erste Ökonom, der – meiner Meinung nach überzeugend – das Bevölkerungsproblem theoretisch zu fassen versuchte. Doch er wurde von Linken aller Schattierungen, von Feministinnen, von Marx und Engels höchstpersönlich und in jüngerer Zeit auch von vielen Leuten beschimpft, die für sich in Anspruch nehmen, ÖkologInnen oder UmweltaktivistInnen zu sein. Er wurde als ein Konservativer, ja schlimmer noch, als Sprachrohr und Lobbyist der Bourgeoisie und des Landadels abgestempelt. Am meisten wurde er

[9] https://de.wikipedia.org/wiki/Kreuzzug (aufgerufen am 12.7.2024).

aufgrund eines Absatzes in einer der ersten Ausgaben seines Buches *Das Bevölkerungsgesetz* gescholten. Er fühlte sich gezwungen, diesen Absatz in den weiteren Auflagen zu tilgen. Er lautet folgendermaßen:

> Ein Mensch […], der in einer schon okkupierten Welt geboren wird, wenn seine Familie nicht die Mittel hat, ihn zu ernähren, oder wenn die Gesellschaft seine Arbeit nicht nötig hat, dieser Mensch hat nicht das mindeste Recht, irgendeinen Teil von Nahrung zu verlangen, und er ist wirklich zu viel auf der Erde. Bei dem großen Gastmahle der Natur ist durchaus kein Gedeck für ihn gelegt. Die Natur gebietet ihm abzutreten, und sie säumt nicht, selbst diesen Befehl zur Ausführung zu bringen. (Blanqui 1971, 105-106)

In den 1950er und 1960er Jahren bin ich in Indien vielen solchen hungernden Menschen begegnet. Natürlich hatten sie ein *moralisches* Recht auf Nahrung, denn schließlich waren es nicht sie selbst, die sich entschlossen haben, geboren zu werden. Ihre Eltern waren es, die sie in die bereits okkupierte Welt hinein brachten. Sie waren bereit, ihre Arbeitskraft im Tausch gegen Nahrung zur Verfügung zu stellen. Doch weder ihre Eltern noch die Gesellschaft als ganze konnten dieser moralischen Forderung entsprechen. Natürlich kümmerten sich viele nicht darum, und viele taten so, als würden sie das einfach nicht sehen.

Jeder, der sich nicht abwendet und sehen will, kann die Hunderttausenden hungriger, vertriebener oder vor Dürre, Krieg und Gewalt in den Regionen Afrikas, des Mittleren Ostens, Zentralamerikas, Südasiens usw. fliehender Menschen sehen, die sich in den Flüchtlingslagern der Nachbarländer drängen. Millionen anderer – arbeitslose junge Männer und Frauen aus solchen Ländern, Leute ohne Perspektive –, die bereit sind, im Tausch für ein besseres Leben zu arbeiten, geben ihre Würde preis und riskieren sehr oft sogar ihr Leben, wenn sie versuchen, die Grenzen nach Europa und Nordamerika auf illegalem Weg zu überschreiten.

Um Malthus' Bevölkerungsgesetz verstehen und würdigen zu können, müssen wir dieses Gesetz zunächst wiedergeben und dann interpretieren. „Die Bevölkerung wächst, wenn keine Hemmnisse auftreten, in geometrischer Reihe. Die Unterhaltsmittel nehmen nur in arithmetischer Reihe zu.“ (Malthus 1977, 18). Mit „Unterhaltsmittel“ meint Malthus in seinem Buch Nahrung. William Catton meint dazu:

> Malthus' wirklich grundlegendes Prinzip ist so wichtig, dass es in der genaueren Terminologie der modernen Ökologie neu formuliert werden muss. Es stellt ein Verhältnis der Ungleichheit zwischen zwei Variablen fest. Des kumulativen biotischen Potenzials der Spezies Mensch und der Tragfähigkeit seines Lebensraumes. (Catton 1980, 126)

Malthus fügt auch die Einschränkung hinzu: „wenn keine Hemmnisse auftreten", womit er sagen will: *potenziell.* Wir wissen, dass die Natur in einer natürlichen Umgebung dafür sorgt, dass jede Generation einer jeden lebendigen Spezies einschließlich der menschlichen Nachkommen (oder Samen) in einem viel höheren Maß als dem der Ersetzung produzieren kann. Man könnte fast sagen, dass dieser Überschuss dazu gedacht ist, der Spezies des jeweiligen Fressfeinds zum Opfer zu fallen, oder aus verschiedenen Gründen nicht überleben kann. Das ist ein Prozess, der als Hemmung des nummerischen Wachstums der Spezies der Beute funktioniert. Was die Menschen betrifft, so wissen wir, dass es immer noch Länder gibt, in denen die Bevölkerung sehr rasch wächst, weil die Hemmnisse des Wachstums sehr schwach oder gar nicht vorhanden sind. Und es gibt Länder, in denen die Bevölkerungszahl zurückgeht, weil die indirekten Hemmnisse dort, wie zum Beispiel hohe Kosten für ein besseres Leben, zu viele oder zu stark sind.

Uns modernen Menschen ist es – dank unserer Intelligenz und dank raffinierter Werkzeuge und Waffen – gelungen, alle gegenwärtigen und potenziellen Gefahren zu bannen sowie alle möglichen und tatsächlichen Fressfeinde zu unterwerfen bzw. zu reduzieren, wenn nicht gar auszutilgen. Darin hatten wir so großen Erfolg, dass wir nun sogar einige Spezies, die uns potenziell Schaden zufügen könnten, wie etwa den Tiger, den Wolf und den Löwen, retten müssen. Doch abgesehen vom natürlichen Tod und einigen Naturereignissen außerhalb unserer Kontrolle (Erdbeben, Epidemien, unheilbarer Krankheiten, usw.) gibt es Gefahren und Ursachen einer Dezimierung, die wir Menschen selbst heraufbeschworen haben. Das sind die – wenn auch sehr schwachen – Hemmnisse, die bis jetzt dafür sorgen, dass unsere Population nicht noch schneller wächst.

An erster Stelle unter diesen Hemmnissen sind Kriege aller Art zu nennen. Dann folgen Umweltverschmutzung und die globale Erwärmung, die zu Klimakatastrophen führt. Dies sind die am besten bekannten und anerkannten vergangenen und potenziellen Ursachen unserer Dezimierung. So schätzt man etwa, dass die Bevölkerung Mitteleuropas, das heißt das Gebiet des damaligen Heiligen Römischen Reiches deutscher Nation, während des Dreißigjährigen Krieges (1618-1648) um etwa 45 % dezimiert wurde. Andere Schätzungen sprechen von acht Millionen Toten einer Gesamtbevölkerung, die 16 Millionen zählte. Und heute befürchten viele WissenschaftlerInnen, dass die globale Erwärmung, der Klimawandel, die Umweltverschmutzung und der Schwund der Artenvielfalt den Planeten für Menschen unbewohnbar machen könnten.[10]

Der Genozid in Ruanda – ein Worst-case-Szenario im Malthus'schen Sinne

Wie recht Malthus hatte und wie viel die demografische Entwicklung immer noch mit der Dezimierung der Bevölkerung zu tun hat, kann am besten am Fallbeispiel des Konflikts zwischen Hutu und Tutsi in Ruanda veranschaulicht werden, der im Jahr 1994 seinen Höhepunkt in einem Genozid fand, im Verlauf dessen etwa 800.000 Tutsi von den Hutu getötet wurden. Ich möchte hier nicht die ganze Geschichte dieses Genozids erzählen. Das haben viele kompetente Autoren bereits getan (vgl. Diamond 2006, 387-408; Diessenbacher 1998, 15-30). Stattdessen werde ich lediglich die Fakten und Zahlen hervorheben, die für meine Aussageabsicht relevant sind.

Im Jahr 1993 betrug die Bevölkerung Ruandas 6,84 Millionen und wuchs um 3,1 % pro Jahr. Die Menschen lebten auf einem Gebiet von einer Gesamtfläche von 26.338 km^2. Mit 260 Menschen pro Quadratkilometer wies das Land eine der höchsten Bevölkerungsdichten der Welt auf. Die Fertilitätsrate betrug im Jahr 1993 6,5 Geburten pro Frau.[11]

Das fruchtbare Land Ruandas, ein angemessener Regenfall und das milde Klima sind recht günstig für das landwirtschaftliche Wachstum.

[10] So kann man es bei David Wallace-Wells (2019) nachlesen, der viele hochrangige WissenschaftlerInnen interviewt hat, die zum Klimawandel und zur Umweltverschmutzung arbeiten.

[11] Daten der Weltbank: https://data.worldbank.org/indicator/SP.DYN.TFRT.IN?locations=RW (aufgerufen am 14.7.2024).

Die Höhe, auf der das Land liegt, hielt die Malaria fern. Dennoch wurden die Vorteile all dieser günstigen Umstände durch die hohe Rate des Bevölkerungswachstums wieder zunichte gemacht. Im Jahr 1990 lebten etwa 94 % der Bevölkerung auf dem Land. Und die meisten von ihnen mussten von nicht-landwirtschaftlichen Tätigkeiten leben. Die Möglichkeiten, ein Einkommen außerhalb der Landwirtschaft mittels Berufen wie etwa Zimmermann zu erzielen, waren rar.

Aufgrund der hohen Bevölkerungsdichte war die Größe der landwirtschaftlichen Betriebe klein bis sehr klein. Die großen Bauernhöfe wurden groß genannt, weil sie mehr als ein bis zwei Acres (0,4 bis 0,8 ha) umfassten. Die landwirtschaftliche Produktivität war aufgrund des Fehlens von Mechanisierung und anderen modernen Bewirtschaftungsmethoden niedrig. So pflügten zum Beispiel Bauern auf hügeligen Gebieten ihr Land den Hängen entlang und kannten offensichtlich die Vorteile des Terrassenanbaus nicht.

Als in den 1960er Jahren und dann wiederum 1973 viele Tutsi getötet wurden oder flohen und ihr Land von den Hutu übernommen wurde, wuchs die Verfügbarkeit von Nahrung pro Kopf. Viele Hutu-Bauern dachten nun, dass sie genug Land hätten, um ihre Familien zu ernähren. Aber nach 1981 ging die verfügbare Nahrung pro Kopf allmählich wieder zurück und sank auf das Niveau von 1960. Das war zwangsläufig so, denn im Lauf dieser zwanzig Jahre hatte die Bevölkerung nicht zu wachsen aufgehört.

Familienplanung war in Ruanda nicht unbekannt. Es gab sogar ein Büro bzw. eine Behörde für Familienplanung. Doch sie war zu nichts nütze. Sie war hauptsächlich geschaffen worden, um es ausländischen Spenderorganisationen zu ermöglichen, Ruanda Entwicklungshilfe zukommen zu lassen. Und auch der negative Einfluss der katholischen Kirche war allzu stark. Jared Diamond zitiert Gerard Prunier, einen Wissenschaftler aus Ostafrika:

> Die Entscheidung zum Mord wurde natürlich von Politikern aus politischen Gründen getroffen. Aber dass sie von ganz gewöhnlichen Bauern in ihrem *ingo* [Familienanwesen] so gründlich umgesetzt wurde, lag zumindest teilweise daran, dass auf zu wenig Land zu viele Menschen lebten und dass für die Überlebenden mehr übrig bleiben würde, wenn ihre Zahl sich verminderte. (Diamond 2006, 405)

Diamond zitiert auch zwei andere Beobachter, nämlich Catherine André und Jean-Philippe Platteau:

> Die Ereignisse von 1994 boten eine einzigartige Gelegenheit, auch unter Hutu-Dorfbewohnern alte Rechnungen zu begleichen und den Grundbesitz neu zu verteilen … Selbst heute hört man von Ruandern nicht selten die Ansicht, ein Krieg sei notwendig, um einen Bevölkerungsüberschuss zu beseitigen und die Zahl der Menschen in Einklang mit den zur Verfügung stehenden Landflächen zu bringen. (Diamond 2006, 404-405)

Beenden wir nun diesen Teil der Geschichte. Nach 1994 hatten viele Beobachter von außerhalb des Landes gedacht, dass der Genozid das Ergebnis einer tragischen Kulmination des jahrzehntelangen hasserfüllten Machtkampfes zwischen den beiden ethnischen Gruppen der Hutu und der Tutsi gewesen sei. Es kann nicht geleugnet werden, dass es diesen Machtkampf und diesen Hass gab (Ich werde im nächsten Kapitel noch darauf zurückkommen). Das sind Tatsachen. Ebenso ist es eine Tatsache, dass nach der Machtübernahme der Hutu verschiedene Fraktionen unter ihnen entstanden, die um die Vorherrschaft konkurrierten. Doch der Konflikt zwischen Hutu und Tutsi hätte nicht in einen solchen barbarischen Genozid münden müssen. Ich finde die Schlussfolgerung, zu der Jared Diamond kommt, überzeugend:

> Ich selbst bin daran gewöhnt, Bevölkerungsdruck, von Menschen verursachte Umweltschäden und Dürre als letzte Ursachen zu sehen, die bei den Menschen zu chronischer Verzweiflung führen und das Pulver im Pulverfass darstellen. Man braucht aber auch einen unmittelbaren Anlass, einen Funken, der das Fass zur Explosion bringt. In den meisten Regionen Ruandas handelte es sich bei diesem Funken um ethnischen Hass, angestachelt von zynischen Politikern, die selbst an der Macht bleiben wollten. (Diamond 2006, 405)

Der Israel-Palästina-Konflikt

Seit Oktober 2023 sind wir Zeugen des Krieges zwischen Israel und der Hamas in Gaza. Auch in diesem Falle denken viele Menschen zunächst an ethnischen oder religiösen Hass als Ursache des langlebigen Konflikts. Einige sprechen auch von einem antikolonialen Befreiungskrieg vonseiten der Palästinenser.

Diese Gesichtspunkte sind natürlich zum Teil richtig. Doch die meisten Beobachter und Kommentatoren lassen die tiefere Ursache der Unlösbarkeit des Konflikts unerwähnt, dass es sich nämlich um einen *Krieg um Geburtenraten* handelt. Sobald ich mich ins Internet begab und nach der Rate des Bevölkerungswachstums der beiden ethnischen Gruppen suchte, fand ich die folgenden Zeilen, die ich hier wörtlich zitieren will:

> Die geschätzte palästinische Bevölkerung weltweit hat sich seit der Nakba verzehnfacht und ist von 1,37 Millionen im Jahr 1948 auf 14,3 Millionen Mitte 2022 angewachsen. Davon leben 7,1 Millionen im historischen Palästina. Das sind 49,9% der Gesamtbevölkerung, die sich aus Israelis und Palästinensern zusammensetzt.[12]

Wächst auch die Bevölkerung Israels?

> In diesem Krieg um Geburtenraten mag es wie eine gute Nachricht für Israel klingen, dass man bezüglich der Gesamtbevölkerung des Landes bis 2040 ein Wachstum um weitere zwei Millionen vorhersagt, womit sie zwölf Millionen erreicht. Doch die jüdische Bevölkerung wächst hauptsächlich dank einer Gemeinschaft, der Haredim oder der Ultra-Orthodoxen.[13]

Das heißt: Es gibt keine Lösung, bis die Bevölkerung beider Gruppen zu wachsen aufhört. Denn verfügbares Land und verfügbare Ressourcen in Palästina sind begrenzt.

[12] Palestinian Academic Society for the Study of International Affairs, Factsheet Population: https://passia.org/media/filer_public/50/f1/50f1cdf6-42d6-430c-b5bc-1078b7ce5845/factsheet_population.pdf (aufgerufen am 14.7.2024).

[13] https://aspeniaonline.it/israel-a-demographic-ticking-bomb-in-todays-one-state-reality (aufgerufen am 14.7.2024).

Quasispezies des Homo sapiens

In Ruanda schwelte der Konflikt zwischen Hutu und Tutsi einige Zeit vor sich hin, bis er mit dem Genozid von 1994 explosionsartig zum Ausbruch kam. Wir haben auch gesehen, dass der letzte Grund für den Konflikt die stetig abnehmende Verfügbarkeit pro Kopf von fruchtbarem Land, der wesentlichsten Ressource, aufgrund eines exponentiellen Bevölkerungswachstums war.

Ein Ausländer, der das erste Mal nach Ruanda oder Burundi kommt, mag zunächst keinen äußerlichen Unterschied von Tutsi und Hutu erkennen. Bei näherem Hinsehen wird er einige kleine Unterschiede wahrnehmen. Alle Menschen, die in Schwarzafrika ihre Wurzeln haben, sind natürlich dunkelhäutig.

> Oft wird behauptet [und TV-Berichte bestätigen das im Großen und Ganzen; S. S.], die Angehörigen beider Gruppen sähen unterschiedlich aus: Hutu sind im Durchschnitt kleiner, stämmiger, dunkelhäutiger, mit flacher Nase, kräftigen Lippen und eckigem Unterkiefer, Tutsi sind größer, schlanker, hellhäutiger, mit dünnen Lippen und schmalem Kinn. (Diamond 2006, 390)

Man kann *sehen*, dass Paul Kagame, der derzeitige Präsident des Landes, Tutsi ist. Idealisten erzählen oder wollen eine andere Geschichte erzählen. Das Folgende sah ich in einer Fernsehdokumentation: Eine Gruppe europäischer Paläontologen hatte einige Ausgrabungen in Südafrika unternommen und einige sehr alte (fossile?) Knochen von Menschen aus der Vorzeit gefunden. Der Friedensnobelpreisträger Bischof Desmond Tutu, der sich in der Nähe aufhielt, kam, um die Arbeit der Wissenschaftler zu sehen. Er fragte sie ganz allgemein: „Was sagen uns die Knochen?“ Einer der Wissenschaftler antwortete: „Diese Menschen gehörten zu den ganz ursprünglichen Einwohnern Afrikas.“ „Und wir?“ fragte der Bischof, „sind wir auch ursprüngliche Afrikaner?“ Darauf wiederum der Wissenschaftler: „Alle Menschen, wo immer sie auch leben, sind ursprünglich Afrikaner.“ Damit meinte er natürlich, dass der Homo sapiens allgemein seine Wiege in Afrika hat. Tutu brach in das für ihn so typische laute Lachen aus und sagte: „Ist das nicht großartig, wenn man erfährt, dass alle Menschen Afrikaner sind?“

Oder man denke an diese Worte, die ich in Deutschland bei einer politischen Kundgebung gegen Fremdenfeindlichkeit gehört habe: „Alle Menschen sind Ausländer – fast überall.“ Oder auch: „Kein Rassismus! Nur eine Rasse: die menschliche Rasse!“ So lautete ein Slogan auf einem Schild bei einer Demo gegen Trump.

Diese idealistische Haltung steht in starkem Gegensatz zu den Wirklichkeiten dieser Welt. FriedensaktivistInnen müssen, wenn sie effektiv sein wollen, zunächst die unbequemen Realitäten des Lebens zur Kenntnis nehmen.

Rasse, Quasispezies, Rassismus

Die Soziologin Karin Priester schreibt in ihrem Buch über Rassismus, dass bereits ihre Vorgänger in diesem Zweig der Wissenschaft Rasse als einen analytisch unbrauchbaren Begriff betrachteten (vgl. Priester 2003, 6). Sie informiert uns darüber, dass bereits im Jahr 1935 der berühmte Biologe Julian Huxley und der Anthropologe Alfred Haddon forderten, dass der Gebrauch des Terminus „Rasse“ für Gruppen von Menschen aus dem Wortschatz der Wissenschaften getilgt werde, denn er sei zu schwammig, zu wenig trennscharf und zu unpräzise. Spätestens seit dem Ende des Zweiten Weltkriegs wird der Begriff von der Wissenschaftsgemeinschaft nicht mehr benutzt.

Das Wort „Rasse“ mag zwar aus dem Vokabular der Wissenschaften getilgt worden sein, doch es gedeiht wie immer in der einfachen Sprache der Leute und ist speziell im von ihm abgeleiteten Wort „Rassismus“ weiter präsent. Der oben zitierte Slogan „Kein Rassismus! Nur eine Rasse: die menschliche Rasse“ zum Beispiel ist falsch. Der Autor dieses Slogans hätte stattdessen den Ausdruck „die Spezies Mensch“ gebrauchen und anstatt „kein Rassismus“ fordern müssen: „Keine Diskriminierung!“

Pseudospezies oder Quasispezies

Der Verhaltensforscher Eibl-Eibesfeld (1975, 37ff.) behauptet, dass die Spezies Mensch, wenngleich sie biologisch eine Einheit bildet, *faktisch* in viele Pseudospezies aufgespalten ist, die mit der „kulturellen Entwicklung“ entstehen. Er nennt diesen Prozess *Pseudospezifikation.* Und der Ökologe William Catton (1980, 104ff.) spricht von *Quasispezies*, die durch eine ausgedehnte Differenzierung über gesellschaftliche und mit territorialer Inbesitznahme verbundene Linien erfolgt. Dieser Prozess wird dann „Quasispezifikation“ genannt.

Ich meine, man sollte im Anschluss an Catton besser den Terminus *Quasispezies* benutzen, denn die Unterschiede zwischen den „Pseudospezies“ sind keineswegs Pseudo-Unterschiede. Sie sind sehr real (etwa religiöse Unterschiede) und oftmals deutlich wahrnehmbar. Man kann auch vom Vorhandensein von *Subspezies* lesen. Doch der Gebrauch dieses Ausdrucks ist darauf beschränkt, lediglich biologische, psychosoziale und morphologische Unterschiede anzuzeigen. Der Terminus Quasispezies hingegen ist auch im Falle von Differenzierung aufgrund von kultureller Entwicklung geeignet und kann dazu benutzt werden, viele Arten von nichtbiologischen Unterschieden innerhalb der Spezies Mensch zu bezeichnen – Unterschiede, die die Grundlage für Gruppenbildung in menschlichen Gesellschaften abgeben, wobei die Gruppen innerhalb ein und derselben Gesellschaft oder desselben Staates gegensätzliche Interessen haben oder entwickeln können.

Die Bedeutung des Gebrauchs des Terminus „Quasispezies“ (anstatt einfach „Gruppe“ zu sagen) in diesem Sinne ist darin begründet, dass er anzeigt, dass Menschen – wie Spezies von Räubern und von Beute im Tierreich – Mitglieder anderer menschlicher Gruppen töten können und dies tatsächlich tun, die in Wahrheit zur selben Spezies gehören, wenn dies ihren Interessen dienlich ist. Der schlimmste Fall hierbei ist ein Genozid. Beispiele für mildere Alternativen zur Tötung sind Versklavung anderer Völker (Schwarze aus Afrika) oder die kolonialistische Eroberung des Landes anderer Völker und/oder deren vollständige Vertreibung. Weiter oben haben wir bereits das Vorhandensein eines ähnlichen Phänomens bei Schimpansen, unseren nächsten Verwandten, gesehen.

Die Anerkenntnis der realen Existenz solcher Quasispezies, von Unterschieden unter ihnen und ihren materiellen Interessen, und die

Lösung der Konflikte, die sich aus solchen Interessen ergeben, ist sehr wichtig, um Frieden innerhalb eines Staates sowie in der weltweiten menschlichen Gesellschaft zu erreichen.

Unterschiede in diesem Sinne beziehen sich auf die äußere Erscheinung (was oftmals immer noch als „Rasse“ bezeichnet wird), Geschlecht, sexuelle Orientierung, Sprache, Religion (Lebensphilosophie, wie zum Beispiel theistisch oder atheistisch), Territorium, Kultur im anthropologischen bzw. ethnologischen Sinne (zum Beispiel Verhaltensmuster, Bräuche und Traditionen, traditionelle Gesetze, Mythologie, Kleidung, Wohnen, Ernährung, Kochkunst usw.) und auch Kultur im Sinne der hohen Kunst (Musik, Drama, Tanz, usw.). Unterschiede, die in solchen Dingen ihre Grundlage haben, sind oft identitätsstiftend, sofern sie nicht von einem höheren identitätsstiftenden Faktum überboten werden, wie etwa dem, ein Europäer, Asiate oder Südasiate zu sein. Samuel Huntington (Huntington 2006) hat ein ganzes Buch darüber geschrieben. Doch in der jüngeren Weltgeschichte haben wir Fallbeispiele erlebt, in denen selbst die Existenz von gesetzgeberischen und verfassungsmäßigen höheren Identitäten wie die Zugehörigkeit zum selben Staat eine Identität niedrigerer Ordnung wie eine rassische, religiöse oder sprachliche nicht überbieten konnte.

Rasse oder Ethnie?

Der Ausdruck *Rasse* könnte in hohem Maße vom Terminus *ethnische Gruppe* oder *Ethnie* ersetzt werden und wurde dies auch tatsächlich.[14]

[14] „Eine Ethnie oder ethnische Gruppe ist eine Gruppe von Menschen, die sich miteinander auf der Grundlage von wahrgenommenen gemeinsamen Eigenschaften identifizieren, die sie von anderen Gruppen unterscheiden. Diese Eigenschaften können eine gemeinsame Herkunftsnation oder Gemeinsamkeiten hinsichtlich der Abstammung, der Traditionen, der Sprache, der Geschichte, der Gesellschaft, der Religion oder der gesellschaftlichen Behandlung umfassen. Der Ausdruck ‚Ethnie‘ steht oftmals synonym für ‚Nation‘, insbesondere in Fällen von ethnischem Nationalismus. Ethnie kann als ein überkommenes oder gesellschaftliches Konstrukt entwickelt werden. Die ethnische Zugehörigkeit wird tendenziell als gemeinsames kulturelles Erbe, Abstammung, Ursprungsmythos, Geschichte, Heimat, Sprache, Dialekt, Religion, Mythologie, Folklore, Ritual, Küche, Bekleidungsstil, Kunst oder äußeres Erscheinen definiert. Ethnische Gruppen können je nach Gruppenidentifikation ein schmales oder breites Spektrum

Dem oben wiedergegebenen Zitat von Diamond (S. 46) entnehmen wir, dass der Autor auf – wenn auch geringfügige – Unterschiede in der Physiognomie zwischen Hutu und Tutsi Bezug nimmt. Das tut er auch zu Recht, denn Diamond zeigt auch, dass die Hauptunterschiede, welche zu gewaltsamen Konflikten zwischen Hutu und Tutsi führten, nicht physiognomischer Natur waren, sondern in erster Linie die Tatsache, dass die Hutu zum Großteil Kleinbauern waren, während die Tutsi ursprünglich hauptsächlich Viehhirten waren. Und an zweiter Stelle steht die Tatsache, dass die Hutu „sich zu Herrschern über die Tutsi aufschwangen" (Diamond 2006, 391). Als die europäischen Kolonialmächte (zuerst die Deutschen, dann die Belgier) über die eingeborenen Afrikaner des Landes herrschten, fanden sie es zweckmäßig, die Tutsi als Mittelsmänner zu benutzen.

Innerhalb der Wissenschaftsgemeinde wird heute auch die unterschiedliche Hautfarbe – schwarz, braun oder weiß – nicht ernst genommen. Diese wird lediglich als das Vorhandensein oder Fehlen von mehr oder weniger Mengen von dunklen Pigmenten (schwarzes oder braunes Eumelanin) in der Haut eines Menschen betrachtet.

> Eumelanin wird mittels eines mehrstufigen chemischen Prozesses, der *Melanogenese*, produziert […]. In der menschlichen Haut wird die Melanogenese in Gang gesetzt, wenn man der UV-Strahlung ausgesetzt wird, die das Dunklerwerden der Haut bewirkt. Eumelanin absorbiert das Licht effektiv; das Pigment ist in der Lage, mehr als 99 % der absorbierten UV-Strahlung zu zerstreuen. Aufgrund dieser Eigenschaft meint man, dass Eumelanin die Hautzellen vor Schäden durch UVA- und UVB-Strahlen schützt und damit das Risiko von Folsäuremangel und Verschlechterung des Hautzustands verringert. […] Studien haben bei Individuen mit konzentrierterem Melanin, das heißt dunklerem Hautton, eine kleinere Hautkrebsrate nachgewiesen.[15]

Ein Laie mag dann fragen: Wenn alle Gruppen („Rassen") von Menschen ursprünglich Afrikaner waren: Warum wurden dann einige von ihnen weiß? Paläontologen erklären diesen Prozess als das Ergebnis

genetischer Abstammung gemeinsam haben, wobei viele Gruppen eine gemischte genetische Abstammung haben." (https://en.wikipedia.org/wiki/Ethnicity, aufgerufen am 18.7.2024).

[15] https://en.wikipedia.org/wiki/Melanin (aufgerufen am 18.7.2024).

der gewöhnlichen biologischen Evolution durch spontane Mutation und natürliche Auslese. So war die Hautfarbe der europäischen Jäger und Sammler bis vor etwa sieben- bis achttausend Jahren dunkel wie die ihrer afrikanischen Vorfahren. Einige der ersten Bauern, die vom Fruchtbaren Halbmond des Mittleren Ostens (Syrien, Irak, Südtürkei, das Nildelta und Israel) nach Europa wanderten, wiesen in ihrem Genom die beiden Gene auf, die für eine blasse Hautfarbe verantwortlich sind.

Das Sonnenlicht ist nun für einen chemischen Prozess nötig, der einen wesentlichen Faktor für die menschliche Gesundheit darstellt, nämlich für die Synthese von Vitamin D im Körper selbst. Unter den klimatischen Bedingungen Europas mit langen dunklen Wintern und kurzen, oftmals bewölkten Sommern erwiesen sich die beiden für eine blasse Haut verantwortlichen Gene als großer evolutiver Vorteil, denn „blasse Haut sorgt für eine bessere Aufnahme ultravioletter Strahlung, welche dem Körper hilft, größere Mengen an Vitamin D für physiologische Prozesse wie die Entwicklung von Kalzium zu synthetisieren“[16]. Aus diesem Grunde vermehrten sich die Nachkommen der Immigranten aus dem Fruchtbaren Halbmond, die die zwei besagten Gene in ihrem Genom aufwiesen, schnell in Europa.

Vor dem Hintergrund dieses Wissens klingt es – gelinde gesagt – komisch, wenn eine Gruppe von Menschen in Westeuropa und Nordamerika, nämlich die *White Supremacists*, das heißt Leute, die von der Überlegenheit der weißen „Rasse“ ausgehen, die etwa zwei Jahrhunderte alte Beherrschung der Welt durch diese zwei Regionen auf die weiße Hautfarbe der Mehrheit der dort lebenden Leute zurückführt.

Historiker, die versucht haben, die Gründe für diese Herrschaft ausfindig zu machen, haben andere Faktoren angeführt, die innerhalb dieser Entwicklung eine wichtige Rolle spielten. In meiner Jugend hatte ich gelesen, dass das Mittelmeerklima und die Wärme des Golfstroms Süd- und Westeuropa die besten Voraussetzungen für einen Wohlstand und die besten Lebensbedingungen beschert haben. Ian Morris (2012) hat die Rolle der Geografie betont, wie zum Beispiel die relative Nähe des riesigen amerikanischen Kontinents, welche die Europäer in die Lage versetzte, ihn zu erobern und zu besiedeln und dann seine reichen Ressourcen auszubeuten. Jared Diamond (1998) hat unter an-

[16] https;//en.wikipedia.org/wiki/Light_skin (aufgerufen am 18.7.2024).

derem Erfindungen und die Verbreitung der Landwirtschaft betont, die zu Bevölkerungswachstum und Zunahme an Macht führten. Doch all dies ist ein anderes Thema.

Niemand kann leugnen, dass es in der Geschichte abgesehen von den Tötungen in regelrechten Kriegen zwischen Königreichen und Imperien, Staaten und Nationen eine brutale Behandlung von besiegten oder unterworfenen „Anderen“ gab, ob man diese nun als Rasse, Ethnie oder wie in Indien als Kaste bezeichnete. So gab es zum Beispiel die Versklavung, die Folterung und das Lynchen der Schwarzen im Süden der USA, den Holocaust an den Juden in Nazi-Deutschland oder eine brutale diskriminierende Trennung der Schwarzen von den Weißen in der Republik Südafrika, dem Land, das den Schwarzen eigentlich gehörte. Und niemand kann leugnen, dass die weißen Täter dieser Barbareien sich selbst für eine Rasse hielten und der Ideologie anhingen, es gäbe höhere und niedrigere Menschenrassen. Eine solche diskriminierende Behandlung der „Anderen“ kann deshalb nur als *Rassismus* bezeichnet werden.

Diese thematische Darstellung kann am besten mit einem Zitat von Max Weber abgeschlossen werden:

> Eine weit problematischere Quelle für Gemeinschaftshandeln [... ist] die „Rassenzugehörigkeit“. Sie führt zu einer „Gemeinschaft“ natürlich überhaupt nur dann, wenn sie subjektiv als gemeinsames Merkmal empfunden wird, und dies geschieht nur, wenn örtliche Nachbarschaft oder Verbundenheit Rassenverschiedener zu einem (meist politischen) gemeinsamen Handeln, oder wenn umgekehrt: irgendwelche gemeinsamen Schicksale der rassenmäßig Gleichartigen mit irgendeiner *Gegensätzlichkeit* der Gleichgearteten gegen *auffällig* Andersgeartete verbunden sind. (Weber 1972, 234)

Die Anderen

Heute sind solch barbarische Brutalitäten, wie oben beschrieben, im Allgemeinen nicht mehr auf der Tagesordnung, wenigstens nicht im großen Maßstab und nicht vor dem Hintergrund des Glaubens an die Existenz einer überlegenen Rasse. Doch es gibt immer noch weniger brutale und subtilere Arten von Unterdrückung oder Diskriminierung der „Anderen“ (zum Beispiel auf sie herabschauen, sie verspotten).

Dies ist etwa der Fall, wenn zum Beispiel ein weißer Hausbesitzer in Europa oder Nordamerika es ablehnt, ein Zimmer einem schwarzen Studenten aus Afrika zu überlassen, auch wenn der die Miete bezahlen kann, oder wenn ein Schwarzafrikaner auf die eine oder andere Weise einen anderen Schwarzafrikaner diskriminiert (was auf dem afrikanischen Kontinent oft vorkommt). So gab es etwa vor einigen Jahren in der Republik Südafrika gewaltsame Zusammenstöße zwischen Einwanderern aus den benachbarten Ländern und den Einheimischen, den Bürgern der Republik Südafrika, des einzigen Industrielandes in Südafrika. Die Einheimischen griffen die Einwanderer an und plünderten ihre Geschäfte und Hütten. Sie beklagten sich darüber, dass die Einwanderer ihnen Jobs und Geschäftsgelegenheiten wegnähmen. In diesem Falle war die Zielscheibe des Aufruhrs keine besondere ethnische Gruppe wie in Ruanda, denn die Einwanderer kamen aus vielen unterschiedlichen Nachbarländern und gehörten vielen unterschiedlichen, nicht als solche erkennbaren ethnischen Gruppen an.

Wir müssen anerkennen, dass Gruppen von Diskriminierungsopfern aus verschiedenen Gründen die „Anderen" werden. Ihr gemeinsames Merkmal ist es, dass sie von der Gruppe, die sie zu Opfern macht, *subjektiv* als irgendeine Bedrohung wahrgenommen werden. Wie soll man solche Fälle von Diskriminierung nennen? Spätestens an dieser Stelle müssen wir bestimmte Begriffe klären.

Ein Spezialist auf diesem Gebiet, George Frederickson, definierte „das Wesen des Rassismus als die Vorstellungen, Praktiken und Institutionen, die mit einer starren Form ethnischer Hierarchie in Verbindung gebracht werden" (Frederickson 2002, 157). Er vermied die Ausdrücke „Rasse" oder „rassische Hierarchie" und benutzte stattdessen „Ethnie" und „ethnisch". Aber er prägte hier nicht den Terminus *Ethnizismus* (oder das Gefühl der *ethnischen Überlegenheit*). In dieser Definition werden die Weißen (die an die weiße Überlegenheit glauben oder aus irgendeinem Grund stolz darauf sind, weiß zu sein) als Ethnie oder ethnische Gruppe verstanden.

Ein anderer Experte, nämlich Anthony D. Smith, hat versucht, die Verwirrung aufzulösen. Er schreibt:

> *Ethnie* (ethnische Gemeinschaften) kann […] als eine bestimmte menschliche Bevölkerung definiert werden, die gemeinsame Abstammungsmythen, Geschichten und Kulturen haben, welche in

> Verbindung zu einem bestimmten Territorium stehen, und die ein Gefühl der Solidarität verbindet. (Smith 1997, 27; Hervorh. S. S.)

Smith schreibt auch:

> … solche Gemeinschaften waren in allen Geschichtsepochen weit verbreitet, wenigstens seit Beginn der Bronzezeit im Mittleren Osten und der Ägäis, als schriftliche Aufzeichnungen über gemeinschaftliche Heldentaten und die Chronik ethnischer Wechselfälle berichteten. (Smith 1997, 27)

Und weiter heißt es bei ihm:

> … sie kennzeichnen immer noch viele Regionen des Globus und werden selbst in den modernsten Staaten der industrialisierten Welt gefunden. Ich behaupte nicht, dass sie zumindest in vormodernen Zeiten die hauptsächliche Art und Weise der soziokulturellen Organisation ausgemacht haben, geschweige denn die einzige, sondern lediglich, dass sie zumindest ebenso wichtig wie andere Formen der Organisation und Kultur waren und dass wir sie deshalb auf eigene Gefahr vernachlässigen. (Smith 1997, 27)

Aus der jüngeren Geschichte wissen wir, dass in Ruanda sowohl die Hutu als auch die Tutsi schwarz und Afrikaner sind und die Tutsi die Vorherrschaft über die Hutu innehatten. Vor einigen Jahren sah ich in einer Fernsehnachrichtensendung einen Bericht über einen ähnlichen Konflikt zwischen den Hutu und den Tutsi in Burundi. Der Reporter näherte sich einer kleinen Gruppe von jungen Männern der Tutsi, die unter einem Baum saßen und sich unterhielten. Als er sie fragte, was das Problem zwischen ihnen und den Hutu sei, konnten (oder wollten) die jungen Leute zunächst nichts antworten. Doch dann machte einer von ihnen den Mund auf und sagte in verächtlichem Ton und mit einem entsprechenden Gesichtsausdruck (Ich habe den Satz noch gut im Gedächtnis): „Ach, die Hutu, die sind einfach zu dumm.“ Natürlich fand hier wie in Ruanda ein Machtkampf statt, doch dieser Satz brachte ein Gefühl der ethnischen Überlegenheit zum Ausdruck, das jeder Grundlage entbehrte.

Auch wenn wir heute im Alltag einen Ausbruch von Rassismus beklagen müssen, kann dies in Wahrheit ein Fall von Diskriminierung einer oder mehrerer gesellschaftlicher Gruppen auf welcher Basis auch immer durch die andere sein, die die Macht hat, andere zu diskriminieren. In bestimmten Fällen mag es sich sogar um *allgemeine* Fremdenfeindlichkeit handeln, um eine Sorge über die Auswirkungen der Präsenz zu vieler Fremder im eigenen Heimatland (zu vieler Nicht-weißer in Europa).

Fremdenfeindlichkeit

Der Humanethologe Eibl-Eibesfeld schreibt über unsere „ambivalente" Reaktion auf Personen, die wir noch nicht kennen (Fremde, Ausländer):

> Bemerkenswert ist unsere Reaktion fremden Menschen gegenüber. In allen Kulturen begegnet man ihnen mit einer gewissen Zurückhaltung. Fremdenfurcht und Fremdenablehnung entwickeln sich, auch ohne dass es dazu schlechter Erfahrungen mit Fremden bedarf. Während der drei Monate alte Säugling jeden Fremden freundlich anlächelt, erstarrt der fünf Monate alte und beginnt nach kurzer Zeit zu schreien. Er hat offensichtlich Angst. (Eibl-Eibesfeld 1984, 127)

Bestimmte Signale unserer Mitmenschen jagen uns Angst ein, und dies umso mehr, je mehr uns ihr Äußeres als fremd erscheint. Das heißt nicht, dass es nur Ablehnung und Missfallen auslöst. Wir können auch eindeutige Reaktionen von Zuneigung und Gefallen beobachten. Und die Zurückhaltung kann durch das Kennenlernen des Fremden überwunden werden. Doch zunächst ruft der Fremde Zurückhaltung und Misstrauen hervor, und dies auch bei Kindern.

Fremdenfeindlichkeit hat ihre Wurzeln also möglicherweise in einer angeborenen Scheu.

Wenden wir uns nun einigen konkreten Beispielen zu: Im Jahr 1990, also unmittelbar vor oder nach der Wiedervereinigung Deutschlands, als die Grenze zwischen den beiden Staaten geöffnet worden war, reisten viele polnische Kleinbauern und Händler aus Dörfern an der Grenze zu Deutschland nach Berlin, das aufgrund der Wiedervereinigung gewachsen war, um ihre frischen Lebensmittel zu verkaufen. Am Ende des Tages kauften sie, bevor sie nach Hause fuhren, mit dem Erlös ihrer Geschäfte viele billige industrielle Konsumgüter in deutschen Supermärkten und verkauften diese dann in Polen. Auf diese Weise machten sie großen Profit. Doch die zahlreichen „Polenmärkte", die auf diese Weise in Berlin gediehen, wurden nicht von allen Berlinern begrüßt. Die Polen wurden oftmals von denen attackiert, die ihre Präsenz in Berlin aus diesem oder jenem Grunde hassten. Man nahm an, dass die ortsansässigen Kleingewerbetreibenden in den Polenmärkten fremde Konkurrenz sahen. Sie hassten einfach fremde Wettbewerber, selbst Polen, die weiß, Christen und Europäer sind. Eine andere verdächtige Gruppe bildeten die deutschen Neonazis, die nach dem Zusammenbruch des sozialistischen Systems in der DDR großen Zulauf erlebten.

In jenen Tagen hatten die Farbigen, die Schwarzen und Braunen in Ostdeutschland natürlich mehr zu befürchten als die weißen polnischen Händler. Es gab sogar einige Todesfälle von Schwarzen, die in gewalttätigen Übergriffen schwere Verletzungen davontrugen. Farbige hatten deshalb im Allgemeinen Angst, nach Ostdeutschland zu reisen.

Ich meine, dass diese Beispiele deutlich machen, dass sich der Hass eher gegen *Fremde* als gegen irgendeine bestimmte Rasse richtete. Diese meine Auffassung wurde durch spätere Ereignisse und Beobachtungen gestützt. So gab es im August 1992 in Rostock-Lichtenhagen eine drei- oder viertägige Belagerung eines großen Hauses, in dem zumeist ehemalige Vertragsarbeiter aus Vietnam wohnten. Die Angreifer, ein Mob von etwa dreitausend ortsansässigen Deutschen, warfen zunächst Steine und Flaschen auf die Fremden. Doch dann wurde das Haus unter dem Beifall vieler aus der Menge in Brand gesteckt. Die Polizei unternahm nichts, um die furchtbaren Angriffe zu verhindern. Im Gegenteil: Als das Treiben des Mobs einen gewissen Punkt erreichte, zogen sich die Polizeibeamten aus der ersten Reihe zurück.

Als Südasiate musste ich den „Rassismus“ in Großbritannien zur Kenntnis nehmen. In den 1980er Jahren las und hörte ich von der rassistischen und radikal rechten *British National Party* (BNP) und vom sogenannten „Paki-Bashing“. Der Ausdruck „Paki“ bezog sich auf alle Südasiaten, nicht nur auf die aus Pakistan, sondern auch auf die Menschen aus Indien, Bangladesch und Sri Lanka. Und „bashing“ bedeutete sehr oft einen gewaltsamen Überfall, aber auch Beleidigungen. Abgesehen vom gemeinsamen geografischen südasiatischen Ursprung gibt es nur ein gemeinsames Merkmal der Menschen aus diesen Ländern: Sie sind im Durchschnitt von brauner Hautfarbe. Wenn sie ihrer Hautfarbe wegen gehasst worden wären, dann hätte man dieses Phänomen natürlich als Rassismus bezeichnen können. Doch dann hätte die große Zahl der Menschen aus der Karibik das bevorzugte Opfer der Rassisten sein müssen, was nicht der Fall war. Ich habe später erfahren, dass die Menschen aus Pakistan und Bangladesch das Paki-Bashing als einen Ausdruck von Islamophobie verstanden.

Doch vor und nach dem Brexit-Prozess (2016-2019), das heißt dem Austritt Großbritanniens aus der Europäischen Union, waren es die große Zahl der Polen und anderer Osteuropäer, die zum bevorzugten Ziel von Hass und oftmals gewaltsamen Übergriffen wurden. Aber warum gerade diese Menschen? Waren das nicht allesamt Weiße, Europäer und Christen?

Der Hauptgrund all dieser Phänomene war nicht die „Rasse“, das heißt das äußere Erscheinungsbild (wie Hautfarbe oder Nasenform) und auch keine allgemeine Antipathie Fremden (den anderen) gegenüber. Der Hauptgrund war vielmehr die wirtschaftliche Lage der Bevölkerungsmehrheit. Vor 2016 konnten Bürger aller EU-Länder auf der Suche nach einer besser bezahlten Beschäftigung und nach der Gelegenheit, ein kleines Geschäft wie einen Gemischtwarenhandel und Reparaturwerkstätten zu eröffnen, frei nach Großbritannien auswandern, da das Vereinigte Königreich Mitglied der EU geworden war. Viele gelernte und ungelernte Arbeiter und Arbeitslose aus den relativ unterentwickelten osteuropäischen EU-Ländern, insbesondere aus Polen, nutzten diese Regelung, „überfluteten“ den Arbeitsmarkt Großbritanniens und mieteten die knappen „erschwinglichen“, das heißt relativ billigen Wohnungen. Der „polnische Klempner“ wurde das allseits bekannte Symbol für dieses Phänomen – nicht nur in Großbritannien, sondern auch in Frankreich.

Die britische Unterschicht, aber auch Arbeiter im Niedriglohnsektor betrachteten diese Entwicklung als Bedrohung ihrer fundamentalen wirtschaftlichen Interessen. Sie protestierten und revoltierten in unterschiedlicher Weise dagegen, mitunter auch mit vielerlei Arten von Beleidigungen und Gewaltakten gegen die osteuropäischen Immigranten. Der Brexit war zu einem guten Teil das Ergebnis solcher Ressentiments. Das zuvor erwähnte „Paki-Bashing“ war wenigstens zum Teil, wenn nicht zum Großteil, ebenfalls eine Folge einer ähnlichen zuvor erfolgten Immigration in großem Stil von südasiatischen Arbeitern aus den Commonwealth-Ländern und Ostafrika. Das Fallbeispiel von armen schwarzen Immigranten in die Republik Südafrika, die von armen schwarzen Einheimischen mit Gewalt malträtiert wurden, ist ein weiterer Beleg für meine Ansicht.

Ich kann hier noch einen Beweis anderer Art für meine Meinung hinzufügen. Während, wie oben erwähnt, überschüssige eingewanderte vietnamesische Arbeitskräfte verächtlich behandelt und gelegentlich auch attackiert wurden, liefen die Japaner, die hauptsächlich ansässige Geschäftsleute, Vertreter japanischer Unternehmen oder Touristen waren, Gefahr, für Vietnamesen gehalten und ebenfalls „aufgemischt" zu werden. Um dies zu vermeiden, gab ihnen die japanische Botschaft den Rat, niemals ohne vollständigen Anzug auszugehen und an der Windschutzscheibe ihres Autos einen Aufkleber anzubringen, der deutlich machte, dass es japanisches Eigentum o.ä. sei. Ich meine, dass in diesem und anderen Fällen nicht nur der persönliche Status – auf der einen Seite ein überschüssiger Fremdarbeiter, auf der anderen Seite ein ausländischer Geschäftsmann – einen Unterschied macht. Es machte auch einen Unterschied, dass die Vietnamesen aus einem armen unterentwickelten Land und die Japaner aus einen reichen Industrieland kamen, das den G7-Staaten angehört.

Ein weiteres Beispiel für eine ähnliche Einstellung ist das System des „goldenen Passes". Etliche relativ arme EU-Länder bieten betuchten Ausländern die sofortige Staatsbürgerschaft an, wenn sie die geforderte Summe von einigen Millionen Dollar in ihre Wirtschaft investieren. Den Landsleuten dieser neuen Staatsbürger hingegen, die als Asylsuchende an der Grenze stehen, kehren sie den Rücken zu.

Natürlich gibt es etliche sichtbare und unsichtbare Faktoren von unterschiedlich großer Bedeutung, die beteiligt sind, wenn es darum geht, wie ein Fremder im Gastland behandelt wird. Dennoch spüre ich die Versuchung, eine Faustregel zu formulieren: Wenn jemand ein Fremder und sein Heimatland bekannt ist, dann entspricht die Behandlung, die ihm im Allgemeinen zuteilwird, dem BIP pro Kopf in seinem Herkunftsland. Das kann eine Bestätigung durch die unterschiedliche Behandlung zum Beispiel eines Jemeniten oder Syrers einerseits und der eines Arabers aus Saudiarabien, den Vereinigten Arabischen Emiraten oder Katar andererseits erfahren.

Willkommene und nicht willkommene Einwanderer, echte und falsche Flüchtlinge

Dem Bericht der UNHCR zufolge gab es Ende 2022 108,4 Millionen Menschen, die aus ihrer Heimatregion flüchteten. In dieser Zahl sind sowohl Binnenflüchtlinge enthalten, das heißt solche, die Zuflucht in einem anderen Teil ihres Landes suchten, als auch diejenigen, die um Asyl in einem fremden Land ansuchten. Letztere stellen oftmals ein Problem für die Beziehungen zwischen Völkern dar, insbesondere in vielen wohlhabenden Industrieländern, wo sie nicht einhellig willkommen geheißen werden. Ihre Anwesenheit birgt oftmals Konfliktpotenzial unterschiedlicher Art.

Neben denen, die aus ihrer Heimat aufgrund von außer Kontrolle geratenen Naturereignissen wie Überflutung, Dürre, Erdbeben usw. fliehen oder weil sie Opfer politischer Unterdrückung, menschengemachter Katastrophen wie Kriegen, Bürgerkriegen oder einem ungeordneten Zustand von Gewalt in hohem Ausmaß wurden, gibt es diejenigen, die in Wirklichkeit Einwanderer (auch „Wirtschaftsflüchtlinge" genannt) sind. Sie sind keine Opfer irgendeines der erwähnten Ereignisse. Sie suchen lediglich ein *besseres Leben* in einem anderen Land, wo die Weiden grüner sind als in ihrem Heimatland. Sie sind im Allgemeinen arbeitslose junge Leute oder Menschen mit einem niedrigen Einkommen. Und in ihrem Heimatland haben sie im Allgemeinen keine Perspektive und keinerlei Hoffnung auf ein besseres Leben in naher Zukunft. Legal oder illegal gelangen sie in ein wohlhabendes und/oder industrialisiertes Land und dringen manchmal mit Gewalt in dieses ein.

Wir alle haben zahlreiche Dokumentarfilme über solche Versuche gesehen, von denen einige wirklich gefährlich sind. Wir haben zum Beispiel afrikanische Draufgänger gesehen, die versuchten, einen über sechs Meter hohen Stacheldrahtzaun um die spanischen Exklaven in Marokko, Ceuta und Melilla zu übersteigen, während die Polizei sie daran hindern wollte. Wir haben Versuche gesehen, das Mittelmeer in überladenen Schlauchbooten zu überqueren, wir haben die Fußmärsche Tausender Mittelamerikaner über Mexiko in die Vereinigten Staaten und viele andere Dinge gesehen.

Wenn es nun aber stimmt – und ich bin davon überzeugt –, dass es Grenzen des Wachstums und daher auch Grenzen des Wachstums des

Lebensstandards aller in allen Ländern gibt, dann ist es verständlich, dass Hunderttausende Süd- und Mittelamerikaner, Afrikaner, Asiaten und im Allgemeinen die meisten Menschen im globalen Süden die Hoffnung auf eine bessere Zukunft in ihrem eigenen Land verloren haben. Doch diese schwindende Hoffnung macht sich auch im globalen Norden langsam, aber sicher, bemerkbar. Der Slogan „No future" wurde schließlich im globalen Norden geprägt.

Ein Humanismus, der in Schlagworten wie „Nur eine Rasse: die menschliche Rasse" zum Ausdruck kommt, war bislang lediglich ein Ideal, das in schönen Texten seinen Niederschlag fand oder in schönen Reden verkündet wurde. Ich habe eine solche Rede aus dem Mund einer jungen Frau gehört, die sich in einer NGO zur Seenotrettung von Menschen engagiert, die das Mittelmeer überqueren. Sie sagte unter anderem: „Alle Menschen haben das Recht, dort zu leben, wo sie wollen." Sie hielt diese Rede anlässlich einer großen Demonstration, die von Fridays for Future zusammen mit dem Deutschen Gewerkschaftsbund (DGB) organisiert worden war.

Und ich las einen im Jahr 2015 als Positionspapier (Migrationscharta) veröffentlichten Text einer Gruppe von schweizerischen Theologen und Theologinnen, in dem es heißt:

> In einer Migrationspolitik, die auf den Grundsätzen der Gleichheit, Gerechtigkeit und Solidarität beruht, steht das Grundrecht auf freie Niederlassung im Zentrum. Das Recht auf freie Niederlassung – mit weltweiter Geltung – ist die Bedingung dafür, dass Migration auch für die Kleinen und Bedrohten in Würde geschehen kann. Migration darf nicht länger kriminalisiert und verächtlich gemacht werden.[17]

Doch haben sich die Autoren solcher Texte jemals gefragt, warum solche Ideale für die große Mehrheit der Menschen niemals Wirklichkeit werden können?

Als in den Jahren 2015 und 2016 etwa eine Million Flüchtlinge aus dem globalen Süden, meistens aus dem vom Krieg heimgesuchten Syrien, nach Deutschland einzudringen drohten, waren die meisten Deutschen beunruhigt. Doch angespornt von einigen idealistischen AktivistInnen und JournalistInnen, kamen auch Hunderte von Deut-

[17] jungekirche.de/2015/0415/2015_04_51-53.pdf (aufgerufen am 19. 7. 2024; vgl. auch: www.migrationscharta.ch.

schen zu den Bahnhöfen und hießen die Flüchtlinge mit Süßigkeiten, Spielsachen und anderen Geschenken willkommen.

In diesem Fall war es nicht ein Einzelner, der in sich den Zwiespalt spürte, sondern ein ganzes Volk, die Deutschen, und später die Europäer. In diesen Tagen und in den darauf folgenden Monaten und Jahren gab es, wie ich mich erinnere, viele deutsche Politiker und andere Persönlichkeiten des öffentlichen Lebens, die die damalige Bundeskanzlerin Angela Merkel für ihre einsame nächtliche Entscheidung zugunsten einer Aufnahme mit offenen Armen so vieler Flüchtlinge kritisierten. Ihre Antwort auf diese Kritik lautete sinngemäß: „Wenn ich um Entschuldigung dafür bitten muss, Opfern des Krieges und von Unterdrückung Zuflucht zu gewähren und dabei ein freundliches Gesicht zu zeigen, dann ist das nicht mehr mein Land.“

Doch heute haben wir kein Problem damit zu akzeptieren,

(1) dass die meisten Menschen, wie die meisten Tiere, individuell zu überleben versuchen, gegen Feinde kämpfen oder fliehen, wenn der Feind zu stark ist oder wenn die Gefahr zu überwältigend ist. Und wenn die Mittel zur Erhaltung des Lebens knapp sind, wie zum Beispiel während einer Hungersnot, dann beobachten wir den Mechanismus des Überlebens der am besten Angepassten.

(2) Und wie die Tiere versuchen auch einzelne Menschen und Menschengruppen, ihr jeweiliges Territorium zu verteidigen und/oder neues Territorium in Besitz zu nehmen.

Wenn wir diese beiden Verhaltensmuster von Menschen berücksichtigen, dann fällt es leichter, den Strom von Flüchtlingen und Migranten nach Europa und den USA – allgemein gesagt in den globalen Norden – ebenso zu verstehen wie die feindseligen Reaktionen einer wahrscheinlichen Mehrheit der heutigen etablierten Bürger der hauptsächlichen Zielländer des globalen Nordens (zu dem auch Neuseeland, Australien und Japan gehören).

Der Zustrom von Flüchtlingen und Migranten nach Europa und in die USA hat schon vor langer Zeit begonnen. Zunächst waren diese Menschen von großem Vorteil für die Wirtschaft und die eingesessenen Bürger des Gastlandes. Sie hatten ihre billigen ungelernten Arbeitskräfte und ihre billigen Haushaltshilfen. Einwanderer aus den Ländern der Peripherie wurden in den hochindustrialisierten Ländern nicht nur frohen Herzens geduldet. In vielen Fällen wurden sie in ihren Heimatländern angeworben. So warb etwa Deutschland in der Zeit des Nachkriegswirtschaftsbooms aktiv Arbeiter aus der östlichen Türkei (Anatolien) in hohem Ausmaß an. Doch der Aufschwung endete etwa Mitte der Siebzigerjahre. Als die Wirtschaft zu stagnieren begann oder eine negative Entwicklung aufwies, wollte die westdeutsche Bundesregierung, dass die türkischen „Gastarbeiter" nach Hause zurückkehren. Doch die Deutschen merkten bald, dass sie sich verrechnet hatten, als sie diese „Gastarbeiter" anwarben. Ein deutscher Publizist schrieb damals sinngemäß: „Wir wollten Arbeitskräfte importieren, doch es kamen Menschen." Die türkischen „Gastarbeiter" wollten mit ihren Familien in Deutschland leben. Sie wollten die Zuwendungen des deutschen Sozialstaates „genießen", auf die sie ein Anrecht hatten. Im Jahr 1982 sah ich eine Inschrift an einer Mauer, die lautete: „Türken raus aus Deutschland." Und ich hörte Kommentare, die an türkische Familien gerichtet waren, die ein Picknick im Grünen veranstalteten, wie etwa: „Sie machen aus dem Park ein Anatolien."

In Europa gab es zwei Kategorien von „Gastarbeitern":

(1) Viele kamen aus den weniger entwickelten europäischen Ländern in die reichen und hochindustrialisierten Länder. Deutschland zog viele Arbeiter aus Süditalien, Portugal, Spanien, Griechenland und dem damaligen Jugoslawien an. Diese Menschen waren weiß, Christen und Europäer und verfügten über einige Bildung. Sie wurden leicht in die deutsche Gesellschaft integriert oder kehrten nach Hause zurück, wenn ihre Herkunftsländer ebenfalls Industrien entwickelten und zufriedenstellende Arbeitsmöglichkeiten boten.

(2) Doch die Türken, Kurden, Araber und etwa die Hälfte der afrikanischen Einwanderer kamen mit einer anderen Religion und Kultur, dem Islam. Sie blieben zum Teil deshalb in Europa, weil ihre Herkunftsländer nicht genug wirtschaftliche Entwicklung zuwege brachten, um mit dem Bevölkerungswachstum Schritt zu halten, geschweige denn die ausgewanderten Arbeiter und ihre Kinder bei ihrer Rückkehr wieder zu absorbieren.

Sie blieben auch deshalb, weil das Leben in Europa im Allgemeinen viel besser und freier war. Im Laufe der Zeit wurden sie auch Bürger von EU-Ländern, doch die meisten von ihnen lehnten es ab, in die europäischen Gesellschaften integriert zu werden, in denen sie lebten, oder waren dazu nicht in der Lage. Sie vermissten auch nichts. Ihre Zahl war groß genug und wuchs dann schnell genug, um innerhalb der umfassenderen Gesellschaft des Gastlandes ihre eigene Gesellschaft aufrechtzuerhalten, und zwar alle Lebensbereiche umfassend mit ihren eigenen Lebensmittelläden, kulturellen Einrichtungen, Moscheen, usw. So dachte man zum Beispiel, dass solche Immigranten von der großzügigen Sozialgesetzgebung der reichen EU-Länder profitierten, doch nicht genug zum Wohlstand ihrer Gastländer beitragen würden. Auf dem Höhepunkt des islamischen Terrorismus wurden sie auch verdächtigt, Terroristen in ihren Reihen zu beherbergen und entsprechende Aktivitäten sowie andere Reaktionäre zu unterstützen.

Vor diesem Hintergrund erschien im Jahr 2010 in Deutschland ein sehr provozierendes und umstrittenes Buch, das diesen Verdächtigungen und diesem Unbehagen literarisch Ausdruck verlieh: Thilo Sarrazins Bestseller *Deutschland schafft sich ab* (Sarrazin 2010). Der Autor warf der politischen Führung und Regierungsbeamten vor, naiv angesichts der Folgen unkontrollierter Einwanderung zu sein. Ihm zufolge nimmt die deutsche Bevölkerung aufgrund der niedrigen Geburtenrate der heutigen Deutschen ab und wird weniger intelligent, während die sozialen Lasten mit zunehmender Einwanderung ebenfalls zunehmen. Dieses Problem werde aufgrund der „politischen Korrektheit“ nicht einmal erwähnt.

Er ging besonders hart mit muslimischen Einwanderern ins Gericht, die ihm zufolge eine höhere Geburtenrate aufwiesen und unter den Empfängern von Sozialleistungen überrepräsentiert seien. Er warf ihnen vor, eine Parallelgesellschaft in ihren Gastländern aufzubauen und die Bildung ihrer Kinder nicht zu fördern. Er beschwor sogar das Gespenst der „Eroberung durch die Geburtenrate“ herauf. Er empfahl den EU-Ländern, den Einwanderern gegenüber Folgendes klarzustellen:

> Wer da ist und einen legalen Aufenthaltsstatus hat, ist willkommen. Aber wir erwarten von euch, dass ihr die Sprache lernt, dass ihr euren Lebensunterhalt mit Arbeit verdient, dass ihr Bildungsehrgeiz für eure Kinder habt, dass ihr euch an die Sitten und Gebräuche Deutschlands anpasst und dass ihr mit der Zeit Deutsche werdet […]. Aber

> wir wollen keine nationalen Minderheiten. Wer Türke oder Araber bleiben will und dies auch für seine Kinder möchte, der ist in seinem Herkunftsland besser aufgehoben. Und wer vor allem an den Segnungen des deutschen Sozialstaates interessiert ist, der ist bei uns schon gar nicht willkommen. (Sarrazin 2020, 326)

Fünf Jahre später erschien in Frankreich Michel Houellebecqs Roman *Unterwerfung* (Houellebecq 2015), und zwar genau an dem Tag (7.1.2015) des islamistischen Anschlags auf das Pariser Büro der Satirezeitschrift *Charlie Hebdo*, bei dem zwölf Menschen getötet wurden. Natürlich ist das eine fiktive Erzählung, doch die Geschichte hat erhebliche Relevanz für die heutige Realität. Es wird eine Situation beschrieben, in der Frankreich von gewaltsamen Rassenunruhen zwischen radikalen Rechten und radikalen Islamisten heimgesucht wird. Überall brennen Häuser und Geschäfte und es werden Menschen getötet. Es stehen auch Wahlen bevor. Um den Sieg der radikalen rechten Kandidatin Marine Le Pen bei den Präsidentschaftswahlen zu verhindern, gehen Sozialisten und Konservative ein Bündnis mit den gemäßigten Islamisten ein. Die charismatische muslimische Führungspersönlichkeit Ben Abbes wird auf diese Weise zum Präsidenten gewählt. Es war das Jahr 2022. Die Islamisierung Frankreichs hatte begonnen.

So weit ist das Fiktion, veröffentlicht im Jahr 2015. Keine Fiktion jedoch ist die Tatsache, dass Paris – genauer gesagt der Banlieu *Nanterre* – und andere Städte wie Marseille, in denen es Banlieus gibt, die hauptsächlich von Schwarzafrikanern und nordafrikanischen muslimisch-arabischen Immigranten bewohnt werden, in den letzten Junitagen des Jahres 2023 tatsächlich brannten. Paris hatte bereits zuvor gebrannt, als im Jahr 2005 zwei junge Männer aus einem Banlieu, die von einigen Polizisten gejagt wurden, durch einen Stromschlag ums Leben gekommen waren.

Es ist auch eine Tatsache, dass die Franzosen und die Europäer allgemein angesichts der ständigen und wachsenden Ströme von Flüchtlingen und illegalen Einwanderern aus den Ländern Afrikas und des Mittleren Ostens, die mehrheitlich Muslime sind, ein Unbehagen verspüren. Vor einigen Jahren sagte ein niederländischer rechter Politiker: „Ich fürchte, wir verlieren unser Land." Und ich hörte einen deutschen rechten Politiker im Fernsehen sagen: „Wenn wir einem Afghanen kein Asyl gewähren, dann kann er in sein Land zurückkehren. Doch wenn ich mein Land verliere, kann ich nirgendwo hingehen.“ Bei anderen Gelegenheiten hörte ich von der Furcht vor einem „Bevölkerungsaustausch“.

Bislang habe ich einen kurzen Überblick über die makroökonomischen und makropolitischen Bedingungen in Europa geboten, die Konflikte zwischen Gruppen von Menschen heraufbeschwören. Doch Einwanderung ist auch an der Basis (auf der Ebene der Mikroökonomie) ein Faktor für Konflikte oder kann es zumindest sein. Hier zwei Beispiele aus Deutschland:

In schlechten Zeiten kann ein Unternehmen gezwungen sein, in einer bestimmten Fabrik Arbeitskräfte einzusparen. Den für solche Fälle vorgesehenen Regeln zufolge („Sozialauswahl“) müssen die noch nicht so lange beschäftigten oder jüngeren Arbeiter bzw. diejenigen ohne Familie zuerst gehen. Die Älteren werden geschont, weil es für sie schwer sein mag, einen neuen Job zu finden. Einmal passierte es, dass ein älterer deutscher Arbeiter, der nicht verheiratet war, entlassen wurde, weil sein weniger lang beschäftigter und jüngerer türkischer Kollege nicht nur geheiratet, sondern auch zwei Kinder hatte. Der deutsche Kollege machte seinem Zorn öffentlich vor den Fernsehkameras Luft und sagte in etwa das Folgende: „Diese Leute heiraten so früh und produzieren Kinder. Deshalb sind sie privilegiert.“

Das andere Beispiel bezieht sich auf die Antipathie, die das von muslimischen Frauen getragene Kopftuch auslöst. Eine solche Frau, die eine Arbeit in einem deutschen Unternehmen gefunden hatte, wurde eines Tages gebeten, ihr Kopftuch bei der Arbeit in dieser bestimmten Funktion nicht zu tragen, denn – so der Manager – es könnte mögliche Kunden abschrecken. Die Frau fasste dies als religiöse Diskriminierung auf. Sie ging vor Gericht und bekam Recht – sehr zum Ärger ihrer deutschen Kollegen.

Solche Angelegenheiten im kleinen Bereich sind natürlich *nicht völlig* von makroökonomischen oder makropolitischen Faktoren bestimmt. Ebenso wichtig sind die kulturellen Faktoren wie etwa der Grad kultureller Toleranz, der in einer Bevölkerungsgruppe eines Landes vorhanden ist, oder das Ausmaß an – nationalem, kulturellem und religiösem – Identitätsgefühl von Mitgliedern einer Bevölkerungsgruppe und die Entschlossenheit, mit der sie dieses verteidigen wollen.

Wenn man all dies bei diesen konfliktgeladenen Angelegenheiten in Betracht zieht, dann gibt es in jedem dieser Fälle ein sozio-kritisches Limit, bei dessen Überschreiten ein schwelendes Problem explosiv wird. Im Falle des radioaktiven Uraniums 235 zum Beispiel können Physiker die kritische Masse genau angeben, ab der es zur unkontrollierten Kettenreaktion kommt. Doch niemand kann das soziokritische Limit von etwas genau bestimmen, das nicht überschritten werden darf, um eine gesellschaftliche Explosion zu vermeiden. Das ist nicht nur eine Sache von Zahlen und Verhältnissen, sondern auch von Benehmen, Gefühlen, Gewöhnung, Erfahrung, usw.

Ein Dschungel kollektiver Identitäten

Identität

Im Verhältnis zu anderen Tieren, das heißt als Spezies, sind wir alle Menschen, eine „Rasse", der Homo sapiens, eine kollektive Identitätsgruppe. Wenn wir beobachten, wie ein hungriger Tiger einen Menschen angreift, eilen wir diesem zu Hilfe und versuchen den Tiger zu verscheuchen. Wir sind alle Afrikaner (s. weiter oben, S. 46). Doch das ist lediglich in der Theorie der Fall. In weltlichen Angelegenheiten verhalten wir uns nicht wie eine menschliche Spezies. Die Darstellung des Konflikts zwischen Hutu und Tutsi sowie des Konflikts über illegale Einwanderung und Flüchtlinge in den vorhergehenden Kapiteln macht deutlich, dass wir Menschen in viele Gruppen und Untergruppen aufgespalten sind, von denen eine jede ein unterschiedliches *Bündel* von Identitäten aufweist und widerstreitende Interessen verfolgt.

Deshalb müssen wir uns nun auch dem Thema Identität innerhalb der bereits problembeladenen heutigen Welt zuwenden: Identität eines Individuums, einer Gemeinschaft, eines Volkes oder einer Nation, ethnische, kulturelle und Klassenidentität, usw. Das führt uns zur Frage: Wer bin ich? Wer ist er? Wer sind wir?[18] Und in einem so riesigen Land wie Indien können wir uns fragen: Sind wir alle ein Volk, einfach Inder? Oder sind wir Assamesen, Bengalen, Biharis. Tamilen, Maharastrianer usw.? Schließlich hat ein jedes dieser Völker seine eigene Sprache!

Wenn wir im Ausland gefragt werden, woher wir kämen, haben wir kein Problem, zu sagen: „Ich bin ein Inder." Doch in Indien erwartet man eine genauere Antwort. Wir müssen unsere Zugehörigkeit zu einer Provinz oder unsere ethnische bzw. sprachliche Identität angeben. Ein Inder aus Patna, dessen Muttersprache Hindi ist, würde nicht einfach sagen, er sei Nordinder. Er würde sagen, dass er Bihari ist. Und einer

[18] Der US-amerikanische Autor Samuel Huntington hat darüber ein Buch geschrieben: „Who are we? Die Krise der amerikanischen Identität" (2006).

aus Uttarakhand, dessen Muttersprache ebenfalls Hindi ist, würde sagen, dass er Garhwali ist.

In einigen Fällen kann eine solche *Unterscheidung* in Problemsituationen, insbesondere unter widrigen wirtschaftlichen Umständen, zum Faktor eines Konflikts werden. Doch manchmal können auch andere als wirtschaftliche Umstände wie Fremdherrschaft, eine zu große Menge an Menschen, parteipolitische Rivalitäten usw. entweder für sich genommen oder in Verbindung mit wirtschaftlichen Klagen eine ursächliche Rolle in einem Konflikt spielen. In jedem Fall sind die Unterschiede vorhanden, sie sind real. Indien hat in der Vergangenheit seit der Unabhängigkeit einige Grenzstreitigkeiten zwischen indischen Völkern unterschiedlicher indischer Sprachen erlebt. Die Unterschiede müssen anerkannt werden, denn man kann sie nicht einfach zum Verschwinden bringen.

Der Begriff *Identität* kann sich auf ein Individuum, eine mehr oder weniger kleine oder eine große, ja sogar sehr große Gruppe beziehen. Deshalb hat es sich eingebürgert, von kollektiver Identität einer Gruppe, einer Gemeinschaft zu sprechen. Schließlich lebt kein einzelner Mensch für sich allein. Die Mitglieder einer Gruppe, sei sie nun klein oder groß, haben gemeinsame Merkmale und/oder Interessen, die es ihnen selbst und anderen deutlich machen, dass sie eine Identitätsgruppe bilden.

Die gemeinsamen Merkmale können körperlicher Natur sein: Hautfarbe, Nasen- und Augenform, Haartyp usw. Dies kann zur (Selbst-) Identifizierung als Schwarze, Weiße mit einer langen Nase, gelbe Mongolen mit einer kurzen Nase usw. führen. Wissenschaftler nennen diesen Unterscheidungsprozess *Pseudospezifizierung* oder *Quasispezifizierung*.[19] Bei den Menschen können sie sich auch auf die Sprache, die Religion, die Weltanschauung (zum Beispiel theistisch oder atheistisch), politische Anschauungen, Kultur, usw. beziehen, was auch meist der Fall ist. Zur „Kultur" im sozialanthropologischen Sinne gehören Bräuche und Traditionen, traditionelle Gesetze, Mythologie, traditionelle Kunst wie Musik, Tanz, Drama, Malerei, Bildhauerei usw., ja selbst so materielle Dinge wie traditionelle Kleidung, Behausung, Essen

[19] Ich fand das bei Irenäus Eibl-Eibesfeld (1975) und William Catton (1980). Sie benutzen auch die verwandten Begriffe „Pseudospezies" und „Quasispezies" (s. weiter oben S. 48).

usw. Solche Dinge zusammengenommen werden die kulturelle Identität einer Person oder einer Gruppe genannt.

Wir haben bereits gesehen, dass dieser Prozess im Falle Ruandas in längst vergangener Zeit zur Spaltung in zwei Gruppen geführt hat: die Hutu und die Tutsi. Wir haben auch gesehen, dass sie trotz einiger sichtbarer äußerlicher Unterscheidungsmerkmale nicht mehr als Rassen, sondern als Ethnien oder ethnische Gruppen bezeichnet werden.[20] Der Hauptunterschied zwischen ihnen war nicht ihr leicht abweichendes Äußeres, sondern ihr Beruf: Die Hutu waren hauptsächlich Kleinbauern und die Tutsi meist Viehhirten. In diesem Fall bildete der Beruf den Hauptfaktor ihrer kollektiven Identität.

Viele andere Dinge *können* zusammengenommen oder für sich allein konstitutive Faktoren einer kollektiven Identität bilden. Diese wird auch kulturell beschrieben (nicht definiert), und Kultur ist eine recht vage Sache. Im Jahr 1996 stellte ein Professor der Harvard-Universität seinen StudentInnen „die Frage, ob jemand im Raum sagen könne, was seine kulturelle Identität sei. Einer der Studenten antwortete mit zweifelsfreier und spontaner Selbstverständlichkeit: ‚I am a New Yorker: I eat bagels, I read The Times and I walk fast.'" (Emcke 2000, 11). So beschreibt ein gewöhnlicher Mensch seine „kulturelle Identität". In Indien wäre es ähnlich, wenn etwa ein Westinder die kulturelle Identität eines Bengalen beschreiben würde. Es würde sich etwa folgendermaßen anhören: „Er ist Bengale: Bengalen essen gern Reis und heißes Fischcurry." Doch fragte man gebildete Bengalen aus der Mittelklasse nach ihrer kulturellen Identität, erhielte man als Antwort möglicherweise eine kurze Vorlesung zum Thema (sie sprechen gern viel), in der sie ihre bengalische Muttersprache, die Tatsache, dass sie hoch entwickelte Literatur lesen und dass sie *Rabindra sangeet* (Lieder, die von Rabindranath Tagore geschrieben und komponiert wurden) singen, hervorheben. Sie würden möglicherweise auch auf die Geschichte Bengalens eingehen und damit prahlen, dass der Kontakt zwischen der indischen und der europäischen Kultur in Kalkutta (Westbengalen) seinen Anfang nahm. In der Tat erweisen sich die Geschichte und die Sprache als die beiden wichtigsten identitätsstiftenden Faktoren einer Großgruppe, ob wir sie nun eine Nation, einen

[20] Zur Definition siehe weiter oben, S. 49.

Stamm oder eine Ethnie (ethnische Gruppe, Ethnizität) nennen mögen.[21]

Um noch zwei weitere Beispiele aus Indien anzuführen: Die Muttersprache der *Rajput* in *Rajasthan* ist, abgesehen von den vielen Dialekten, Hindi, das auch im überwiegenden Teil Nordindiens gesprochen wird. Der wichtigste Faktor ihrer kollektiven Identität ist die glorifizierte militärgeschichtliche Überlieferung. Im Falle der Sikh sind es eher die Religion und die äußere Erscheinung (Bart und Turban) als irgendetwas anderes. Doch die kriegerische Tradition spielt für die Identität ebenfalls eine Rolle. Die Dinge muten einigermaßen willkürlich an.

Wie willkürlich und wie rasch ein Prozess der Identitätsbildung erfolgen kann, wurde durch ein sozialpsychologisches Experiment in den USA in den 1950er Jahren bewiesen:

22 zufällig ausgewählte, wohlerzogene, elf Jahre alte Jungen, die alle aus weißen protestantischen Mittelklassefamilien stammten, wurden zu einem Sommerferienlager in einem schönen Naturerholungsgebiet eingeladen. Sie wurden in zwei Gruppen aufgeteilt. Freunde wurden voneinander getrennt. Eine Zeit lang plante jede Gruppe ihre Freizeitabenteuer selbst und führte sie ohne Aufsicht durch. Dann organisierten die Sozialpsychologen einige Sportwettbewerbe zwischen den beiden Gruppen wie zum Beispiel Fußballspiele, bei denen Preise gewonnen werden konnten. Zunächst fand dies alles in einer freundlichen Atmosphäre statt, doch bald wurde es unschön. Zwischen den beiden Gruppen kam es zu Raufereien und heimtückischen Aktionen.

[21] Zur Definition von Ethnie, Ethnizität oder ethnische Gruppe s. weiter oben, Fn 14, S. 49. Zur Definition von „Stamm“: „Eine ethnische Gruppe, die größer ist als ein Verband oder ein Clan (und die Clans umfassen kann), aber kleiner als eine Nation (und die wiederum Bestandteil einer Nation sein kann). Der Stamm ist oftmals die Grundlage der ethnischen Identität.“ (https://en.wikipedia.org/wiki/tribe; aufgerufen am 26. 7. 2024). Stämme werden deshalb als politische Einheiten betrachtet, welche von einer Organisation von Familien (darunter fallen Clans und Abstammungslinien) auf der Grundlage einer sozialen oder ideologischen Solidarität gebildet werden. Die Zugehörigkeit zu einem Stamm kann so verstanden werden, dass sie Faktoren zur Grundlage hat wie Verwandtschaft („Clan“), Ethnizität („Rasse“), Sprache, Wohnort, politische Gruppe, religiöser Glaube, mündliche Überlieferung und/oder kulturelle Praktiken (https://en.wikipedia.org/wiki/Tribe; aufgerufen am 26.7.2024).

Diejenigen, die das Experiment durchführten, konnten die Entwicklung einer Mentalität des „Wir gegen sie" beobachten, bevor sie das Experiment beendeten (Wrangham/Peterson 2001, 242-244).

Ein weiteres Beispiel könnte aus Indien angeführt werden, wo ein ganzes Volk, nämlich die Meiti aus Manipur im äußersten Osten Indiens, beschloss, sich selbst eine zusätzliche Identität zu verleihen, nämlich die eines Stammesvolkes. Ich werde diese Geschichte weiter unten näher ausführen.

Die beiden Autoren Wrangham und Peterson führen viele weitere Experimente neben dem der elfjährigen US-amerikanischen Jungen an und kommen zu folgender Schlussfolgerung:

> Menschen bilden sehr rasch Gruppen, ziehen eigene Gruppenangehörige Außenstehenden vor und werden schnell aggressiv gegenüber anderen. Wir alle verabscheuen im Grunde solche Vorurteile. Sie führen ja zu allen möglichen Ismen – Rassismus, Sexismus, Ethnozentrismus und so weiter. Aber mit erschreckender Leichtigkeit fallen wir ihnen immer wieder zum Opfer. (Wrangham/Peterson 2001, 244)

Ich möchte nur einige Beispiele von Konflikten darstellen, die aus einem Identitätsbewusstsein heraus entstanden.

Stammeskonflikte in Südafrika

Selbst wenn sie ein gemeinsames Ziel und einen gemeinsamen zu bekämpfenden Feind haben, kann es auch passieren, dass zwei Identitätsgruppen (Stämme oder Ethnien) Streit haben, den sie unter sich nicht beilegen können. Als etwa die Niederländer nach Südafrika kamen und ihre Siedlerkolonien zu errichten begannen, kämpften die zwei größten Stämme dieser Region, die Xhosa und die Zulu, natürlich gegen die Niederländer, doch sie konnten sich nicht darüber verständigen, wie die Siedler zu bekämpfen seien. Die Zulu kämpften mit Gewalt und wild entschlossen, aber nicht so die Xhosa. Diese versuchten, den Pfad des Kompromisses zu beschreiten, indem sie die Veränderung akzeptierten. Beide scheiterten in ihrem Bemühen. Sie gaben sich gegenseitig die Schuld, den Widerstandskampf vereitelt zu haben.

Nach dem Ende der Apartheid kämpften nicht nur die Xhosa und die Zulu, sondern alle Stämme um die Macht auf Stammesebene und nicht auf politischer Grundlage, der sie wahrscheinlich gänzlich entbehrten. Viel schwarzes Blut wurde im Kampf der Stämme um die Vorherrschaft vergossen, nicht jedoch das Blut ihrer weißen Unterdrücker.[22]

Während der Phase der Verabschiedung einer Verfassung für Südafrika und vor den ersten freien Wahlen kam es häufig zu Blutvergießen zwischen *Inkatha*, einer Partei der Zulu, und dem ANC-Kader in Gebieten der Zulu. Der Inkatha-Anführer Buthelezi kollaborierte auch mit den weißen Kräften.

Die Chinesen in Indonesien

Das extremste Beispiel einer Identitätsfrage, die zum Konfliktfaktor wurde, ist zugleich eines der frühesten. Es kommt aus Indonesien, das im Jahr 1949 ein unabhängiger Staat wurde. Heutige Schätzungen der Gesamtbevölkerung belaufen sich auf 273 bis 280 Millionen Menschen. Sie umfasst zirka 1300 ethnische Gruppen, die über 700 lebende Sprachen sprechen. Die Amts- und Nationalsprache des Landes ist *Bahasa-Indonesisch*, eine standardisierte Variante des *Malaiischen*, das Jahrhunderte lang als *lingua franca* zur allgemeinen Verständigung benutzt wurde.

In einem solch vielfältigen Land wurden die Chinesen, die lediglich 1,2% der Bevölkerung ausmachen, seit Langem als ein Fremdkörper betrachtet, der nicht zum indonesischen Volk gehört. Viele von ihnen waren während der niederländischen Kolonialherrschaft eingewandert, und sie lebten hauptsächlich auf der Hauptinsel des Landes, Java. Nach 1949 fühlten sich viele gezwungen, das Land zu verlassen. Chinesen, die keine Staatsbürger waren, war es nicht mehr erlaubt, in kleinen Städten zu leben, und deshalb verloren viele ihren Lebensunterhalt. Zweck dieser Maßnahme war es, in den ländlichen Regionen den Handel unter der Kontrolle indonesischer Staatsbürger zu fördern.

In den Jahren 1965 und 1966 standen die Chinesen im Zuge des großen Massakers an den Kommunisten des Landes auch unter dem Verdacht, Kommunisten zu sein. General Suharto, der die Macht an

[22] https://www.shortform.com/blog/zulu-and-xhosa-rivalry/ (aufgerufen am 26.7.2024).

sich gerissen hatte, hatte ein „chinesisches Problem“ identifiziert, das nach einer Lösung verlangte. Er begann sich in Angelegenheiten der Religion, des Glaubens und der Kultur der Chinesen einzumischen. Chinesischsprachige Schulen und Kulturvereine wurden geschlossen. Es war verboten, chinesische Sprachlehrbücher zu verkaufen und chinesische Schriftzeichen zu benutzen. Die einzige zugelassene Zeitung in chinesischer Sprache stand unter der Kontrolle der Regierung. Chinesische Namen wurden in indonesisch klingende verwandelt. Die öffentliche Feier des chinesischen Neujahrsfestes war verboten. All diese Maßnahmen waren, wie man später eingestand, zu weit gegangen. Es wurde die Absicht verkündet, sie zu lockern. Doch wie viel an Lockerung tatsächlich stattgefunden hat, ist außerhalb des Landes nicht bekannt.

Türken in Deutschland

Lange Zeit nachdem die Anwerbung von ungelernten und halb ausgebildeten Arbeitern in großem Stil aus den Ländern an den Rändern Europas und aus nichteuropäischen Ländern in Deutschland begonnen hatte und selbst nachdem deren Zahl auf mehr als ein oder zwei Millionen angewachsen war, beharrten konservative deutsche Politiker darauf, dass Deutschland kein Einwanderungsland sei. In den frühen 1980er Jahren, als eine Rezession eingesetzt hatte und die Zahl der Arbeitslosen in Westdeutschland auf über zwei Millionen angestiegen war, wollte der damalige Kanzler Helmut Kohl, dass die Arbeitslosen aus der Türkei und anderen nichteuropäischen Ländern in ihre Heimatländer zurückkehren. Er bot an, ihnen ihre Sozialversicherungsbeiträge zurückzuzahlen. Dies war in etwa auch die Zeit, als ich etliche rechtsgerichtete Demonstrationen gegen solche Ausländer erlebte und Slogans hörte wie „Deutschland für Deutsche, Ausländer raus!“. Und ich sah Schmierereien an den Wänden wie „Türken raus aus Deutschland!“

Doch die Türken und andere ausländische Arbeiter wiesen Kanzler Kohls Angebot zurück. Sie waren eingewandert und wollten Deutschland zu ihrer Heimat machen. Doch obwohl sie weiter in Deutschland leben wollten, wollte sich die große Mehrheit von ihnen nicht in die deutsche Gesellschaft integrieren. Im Herzen blieben sie Türken, Marokkaner und Araber. Politisch galt ihre Loyalität den Ländern ihrer

Geburt. Und ihre Kultur blieb die ihrer Kindheit und Jugend oder, wenn sie in Deutschland geboren worden waren, die ihrer Herkunftsfamilie.

Um die Integration solcher Leute in die deutsche Gesellschaft und die Loyalität zum deutschen Staat zu fördern und zu erleichtern, lockerte die Regierung das Staatsbürgerschaftsgesetz weitgehend und behielt lediglich eine strenge Bedingung bei: Der Bewerber auf die deutsche Staatsbürgerschaft muss bereit sein, seine ursprüngliche Staatsbürgerschaft aufzugeben.

Die große Mehrheit der Einwanderer nahm das Angebot aufgrund der vielen Vorteile eines deutschen Passes gerne an, doch einige unter ihnen, insbesondere die aus der Türkei, wollten ihre ursprüngliche, das heißt türkische Nationalität nicht aufgeben. Nachdem sie die deutsche Staatsbürgerschaft erworben hatten, suchten sie insgeheim wieder um einen türkischen Pass an, den sie auch leicht bekamen.

Als dieser Missbrauch des Angebots der Staatsbürgerschaft ans Licht kam, erzürnte das die deutsche Öffentlichkeit und die Regierung drohte, die kürzlich erworbene Staatsbürgerschaft der gegen die Regeln verstoßenden Leute wieder für nichtig zu erklären. Doch solche Inhaber eines deutschen Passes, die auf ihrer türkischen Identität beharren wollten, fanden eine Lösung für dieses Problem. Sie überredeten die türkische Regierung, ihnen ein Zertifikat auszustellen, das beglaubigte, dass sie in der Türkei geboren waren, oder etwas Ähnliches.

Es war augenscheinlich sehr wichtig für sie, darauf zu bestehen und deutlich zu machen, dass sie zwar Staatsbürger Deutschlands, keineswegs aber Deutsche geworden waren und weiterhin Türken seien. Deshalb veranstalteten die deutschen Türken immer, wenn Herr Erdogan, der Präsident der Türkei, nach Deutschland kam, eine große Kundgebung ihm zu Ehren, bei der Erdogan eine Rede hielt. Ich habe Fernsehberichte über solche Umzüge gesehen. Bei einer dieser Gelegenheiten fragte ein deutscher Reporter die Leute, warum sie zur Kundgebung gekommen seien. Sie antworteten laut schreiend: „Integration, ja, Assimilation, nein!“

In einer Fernsehsendung sah ich einmal ein kurzes Interview mit einem älteren durchschnittlichen türkischen Arbeiter. Der deutsche Moderator fragte ihn, ob er Deutscher oder Türke sei. Seine Antwort lautete: „Mein Präsident ist Frau Angela Merkel.“ Als der Moderator weiter fragte, warum er dann diese Karte habe, die er zuvor gesehen hat, lautete die Antwort: „Das ist für meine Identität."

Eine solche Dichotomie innerhalb einer Person kann auch zu Konflikten führen. Einmal besuchte eine hochrangige türkische Ministerin ihre Landsleute in den Niederlanden und sollte bei einer Kundgebung sprechen. Mitglieder und Anhänger ihrer Partei, der AKP, bereiteten ihr einen begeisterten Empfang am Bahnhof und wollten sofort eine Kundgebung auf der Straße abhalten. Die niederländische Polizei wollte das aber nicht tolerieren und versuchte mit Gewalt, die Straße freizumachen. Dabei kam es zu einem Handgemenge, bei dem die Polizei auch von ihren Schlagstöcken Gebrauch machte. Die Reporter berichteten, dass mitten in diesem Getöse einige Polizisten schrien: „Wir müssen ihnen zeigen, wer in diesem Land das Sagen hat."

Die Kurden

In Deutschland hatte ich die Gelegenheit, mit mehreren Aktivisten der radikalen Linken zu sprechen. Unter den Menschen, Parteien und Gruppen aus der Türkei gibt es auch etliche Kurden. Am bekanntesten unter ihnen sind Aktivisten und Sympathisanten der kurdischen Arbeiterpartei (PKK), die seit Langem für ein unabhängiges, eigenes und sozialistisches Kurdistan kämpft. Ich fragte beide Gruppen, warum nicht wenigstens die radikalen Linken aus der Türkei zusammenarbeiten könnten. Während die türkischen Linken sagten, das würden sie gern tun, meinten die kurdischen radikalen Linken, sie könnten das nicht, weil man in der Türkei auf sie herabschaue und sie in einem beleidigenden Sinne als „Bergtürken" bezeichne. Darüber hinaus gebe es auch viele Kurden in Syrien und im Irak, mit denen zusammen sie gern ihren unabhängigen Staat Kurdistan aufbauen würden. Ihre kurdische Identität lässt es nicht zu, dass sie sich in einem der zwei Staaten zu Hause fühlen.

Wie wir wissen, führen die Kurden, genauer gesagt die Anhänger von Abdullah Öcalan, die in der PKK organisiert sind, einen bewaffneten Kampf gegen das türkische Militär. Doch die Kurden, die im Irak leben, konnten erfolgreich befriedet werden. Sie haben sich mit den irakischen Behörden arrangiert und leben in ihrer autonomen Region im Norden Iraks.

Vielfalt von ethnischen Identitäten in Indien

Wir können auch Indien, den multiethnischen Staat par excellence, als Beispiel anführen. In den oben erwähnten Fällen von in Deutschland und den Niederlanden lebenden Türken rührt die Abgrenzung ihrer Identität von der des Gastvolkes von Ethnizität und Religion her. Von allen in diesen Ländern lebenden Türken darf man annehmen, dass sie Deutsch bzw. Niederländisch sprechen. Doch in Indien ist der Hauptfaktor der ethnischen Identität die Sprache, allgemeiner gefasst die Kultur. Hier sollten wir von ethno-kultureller oder ethno-linguistischer Identität sprechen.

Während eines Wahlkampfes sandte die regierende Partei im Zentrum, die *Bharatiya-Janata-Partei* (BJP = Indische Volkspartei), eine große Zahl Hindi sprechender Wahlkampfhelfer aus ihren Hochburgen in Nordindien (dem Hindi-Gürtel) in die östliche Provinz Westbengalen, wo die große Mehrheit der Menschen Bengali spricht. Der *Trinamul National Congress* (TNC = Graswurzelnationalkongress), die Partei, die in Westbengalen regiert hatte, führte ins Feld, dass die BJP keine Basis im Bengali sprechenden Westbengalen habe, weshalb sie auf „Bahiragatos“, also Leute von auswärts, angewiesen seien, um Wahlkampf in Westbengalen zu machen. Dieses Argument zog offensichtlich. Die BJP verlor die Wahlen. Doch die Tatsache, dass Inder aus einer anderen Provinz als „Außenstehende“ bezeichnet wurden, spricht Bände bezüglich dessen, was indische Nationalität bedeutet.

Ein Schandfleck im Verständnis von indischer Nationalität ist es, dass die Hindu-Gesellschaft, die die große Mehrheit der Inder ausmacht, in viele Kasten und Unterkasten unterteilt und nochmals unterteilt ist, von denen viele einen starr festgelegten, sehr niedrigen gesellschaftlichen und (meistens auch) wirtschaftlichen Status haben. Es gibt auch viele Stammesvölker, deren Platz immer außerhalb und unterhalb der Hindu-Gesellschaft war. In den frühen Jahren der indischen Unabhängigkeit (den frühen 1950er Jahren) verfolgte die herrschende Elite eine Politik der Abschaffung dieses Kastensystems und der Angleichung der niedrigeren Kasten (und der Stammesvölker) an den Mainstream. Doch in dieser guten Absicht taten sie das Falsche, um dieses Ziel zu erreichen. Sie führten per Gesetz ein ganzes System von Privilegien und Begünstigungen in den Bereichen Bildung, Wirtschaft und Arbeitswelt (z.B. das Freihalten von Arbeits- und Studienplätzen) für Mitglieder der niedrigeren Kasten und der Stammesvölker ein. Doch damit erreichten sie das Gegenteil. Sie verstetigten das Kastensystem. Da nun die Zugehörigkeit zu einer niedrigeren Kaste oder einem „geschützten" Stamm das Eintrittsticket für eine bessere Bildung, wirtschaftlichen Erfolg und Karriere war, wollte niemand, der in diesen Genuss kam, diese Art von „niedrigem" Status verlieren.

Zu welcher Perversität und zu wie vielen gewaltsamen Konflikten dieses System führen kann, wurde in jüngerer Zeit in der kleinen Provinz Manipur im äußersten Nordosten Indiens anschaulich. Anfang Mai 2023 berichteten die Medien aus dieser abgelegenen Provinz, dass es in der Auseinandersetzung zwischen den Stammesvölkern Meitei und Kuki in großem Stil zu Gewalt, Brandstiftung, Körperverletzung und Totschlag gekommen sei. Für diejenigen, die außerhalb dieses Staates wohnten, kamen diese Nachrichten überraschend. Die Meitei machen mit 53 % die Mehrheit der Bevölkerung dieses Staates aus. Sie sind zum Großteil Hindus und Bauern. Sie leben in den Ebenen des Imphal-Tales, und da sie kein geschützter Stamm sind, dürfen sie kein geschütztes Waldstück besitzen oder kaufen. Die Kuki sind der größte der registrierten Stämme in Manipur und die größten Profiteure des Gesetzes, das Stammesangehörigen das Privileg zugesteht, nicht nur in den geschützten Wäldern leben, sondern dort auch ein Grundstück besitzen oder kaufen zu dürfen.

Die unmittelbare Ursache des gewaltsamen Konflikts war ein Urteil des Obersten Gerichtshofs Manipurs, das die Regierung des Staates anwies, der Zentralregierung zu empfehlen, dass die Meitei in die Liste der „registrierten Stämme" aufgenommen werden. Doch warum forderten die Meitei überhaupt, als registrierter Stamm anerkannt zu werden, wo sie doch ein solcher offensichtlich nicht waren? Schließlich gehörten sie zur hinduistischen Mehrheit Indiens! Leute, die mit der Sache vertraut sind, sagen, sie wollten ebenfalls das Recht, Land in den geschützten Wäldern zu besitzen und zu kaufen. Die Kuki und die anderen Stämme sahen in diesem Urteil des Obersten Gerichts die Gefahr, all ihre Privilegien zu verlieren. Denn ein Privileg hört auf, ein solches zu sein, wenn es allen gleichermaßen zukommt. Sie demonstrierten und protestierten gegen das Urteil des Obersten Gerichts. Doch die Animositäten zwischen diesen beiden ethnischen Gruppen waren so tief verwurzelt und hatten so viele Facetten, dass es nicht dabei blieb. Ich kann hier nicht weiter ins Detail gehen.[23]

Doch ein allgemeiner und grundlegender Faktor, den ich bereits erwähnt habe (s. oben S. 38ff.), das Bevölkerungswachstum, sollte auch in diesem Zusammenhang angesprochen werden. Im Jahr 2023 zählte die Bevölkerung Manipurs ungefähr 3,65 Millionen. Im Jahrzehnt zwischen 2001 und 2011 wuchs sie um 17,68 %. Im Laufe von 110 Jahren, nämlich von 1901 bis 2011 hat sich die Bevölkerung Manipurs verzehnfacht.[24]

Malaysia ist ein weiteres Beispiel dieser Art. Dieser im Vergleich zu Indien kleine Staat wird von vier Völkern bewohnt: den Malayen (50,4 %), den Chinesen (23,7 %), den Indern (7,1 %) und den indigenen Völkern (im Allgemeinen unter der Bezeichnung „Daykas" zusammengefasst), die den Rest ausmachen.[25] Es hat im Land Spannungen zwischen den Chinesen, die Industrie und Handel dominierten, und der malayischen Mehrheit gegeben, die das Gefühl hatten, weniger gut wegzukommen. Auf Betreiben der Mehrheit wurden Gesetze erlassen, die von Unternehmern verlangen, die „Bhumiputras" (Söhne des Bodens) zu bevorzugen.

Die Identitäten von Immigranten

Das Thema „Migration" erinnert mich an die Redewendung: „Blut ist dicker als Wasser." Es gab Einwanderer nach Deutschland aus Russland (der früheren Sowjetunion), die nicht nur willkommen waren, sondern auch das Recht auf Einwanderung zugesprochen bekamen, denn sie wurden aufgrund ihrer Abstammung als sogenannte „Blutdeutsche" betrachtet, das heißt einer oder mehrere ihrer Vorfahren waren nach Russland ausgewandert. Als zwei bis drei Jahrhunderte später solche russischen Staatsbürger deutschen Blutes (Russlanddeutsche) in den hoch industrialisierten Ländern und dem reicheren West-

[23] Zu detaillierteren Analysen des Konflikts in Manipur vgl. Sadokpam 2023 und Sarkar 2023a.

[24] https://www.census2011.co.in/census/state/manipur.html und https://de.wikipedia.org/wiki/Manipur#Demografie (aufgerufen am 28. 7. 2024).

[25] https://de.wikipedia.org/wiki/Malaysia#Bevölkerung (aufgerufen am 28.7.2024).

deutschland bessere wirtschaftliche Chancen erkannten und zurück nach Deutschland wollten, gab es kein Problem. Sie waren alle willkommen.

Doch als in den frühen 1990er Jahren die Vietnamesen, die „Vertragsarbeiter aus einem Bruderland“ in der damaligen DDR gewesen waren, im wiedervereinten Deutschland bleiben wollten, waren sie überhaupt nicht willkommen. Sie wurden bloß geduldet, und dies oftmals sehr zögerlich.[26] Ähnlich verhielt es sich mit den Syrern, Irakern, Afghanen, Pakistani, Menschen aus Afrika südlich der Sahara usw. die in den Jahren 2015 und 2016 und danach zu uns kamen oder vielmehr eindrangen. Sie waren nicht allen Deutschen willkommen.

Kaum jemand sah hier Rassendiskriminierung am Werk. Für die Deutschen in Deutschland war die Einwanderung der Russlanddeutschen so etwas wie die Heimkehr des verlorenen Sohnes. Für sie waren alle Russlanddeutschen Deutsche, sie gehörten alle zum selben Volk. Doch Flüchtlinge aus Asien, die in den Jahren 2015 und 2016 nach Deutschland kamen, waren Fremde. Blauäugige Idealisten dachten jedoch anders. Ich sah einmal, wie sie ein Schild mit der Aufschrift hochhielten: „Keine Grenzen, keine Nationen!“ Das klingt nicht einfach nur nach einem antirassistischen Slogan. Es ist vielmehr ein Glaubensbekenntnis des internationalen Humanismus. Es wurde tatsächlich benutzt, um gegen Aktionen und Positionen der radikalen Rechten gegen Flüchtlinge aus dem globalen Süden zu protestieren.

Denken wir daran, dass die polnischen und andere osteuropäische Migranten vor und nach dem Referendum für den Brexit für einen hohen Prozentsatz der Briten nicht nur nicht willkommen waren, sie

[26] Doch die „Boat People“ aus Vietnam wurden nicht nur vor dem Ertrinken gerettet, sie wurden auch nach Deutschland gebracht, ihnen wurde Asyl gewährt und sie wurden aufgenommen. Dies alles wurde von Cap Anamur, einer deutschen Freiwilligenorganisation, durchgeführt. Warum wurde dieser Unterschied gemacht? Meine Meinung dazu ist: Das fand in der zweiten Hälfte der 1970er Jahre statt, und die Boat People waren „Opfer des Kommunismus“. Sie vor dem Kommunismus zu retten, wurde als edle Tat empfunden. Das ist eine weitere, wenn auch indirekte Bestätigung meiner These, dass sich der Respekt (oder der Mangel an Respekt), den ein persönlich unbekannter Fremder erfährt, direkt proportional zum Bruttoinlandsprodukt seines Herkunftslandes verhält. Der durchschnittliche Araber eines an Erdöl reichen Golfstaates ist braun. Und er wird sehr respektvoll behandelt.

wurden in manchen Fällen auch von britischen Befürwortern des Brexit gewaltsam angegriffen. Dass in diesem Fall fast alle Beteiligten Weiße und Christen und bereits seit vielen Jahren EU-Bürger waren, trug nicht dazu bei, dass sich das Gefühl entwickelte: „Wir sind alle Europäer.“

Diese Phänomene müssen verstanden werden. Im Falle der Deutschen, die Russlanddeutsche willkommen heißen, erkennen wir ein Gefühl der deutschen Identität auf der Grundlage der gemeinsamen Abstammung (ähnlich der Stammesidentität). Im Falle der Mehrheit der Briten, das heißt derer, die den Brexit befürworteten, sehen wir das Fehlen eines Gefühls der europäischen Identität, auch wenn Großbritannien ein Mitglied der EU war und auch geografisch zum europäischen Kontinent gehört.

Religion als kollektive Identität

„Wir sind Muslime, unsere Religion ist der Islam“, sagte der junge Aya al-Zawahiri (der später der zweite Anführer von Al Quaida werden sollte) mit sehr lauter Stimme und herausforderndem Ton in einem Gerichtssaal in Kairo, wo er wegen eines terroristischen Anschlags seiner politischen Freunde als Angeklagter saß. Er sagte nicht, dass er und seine mit angeklagten Freunde Ägypter oder Araber seien. Sheikh Mujibur Rahman hingegen, ein anderer Muslim, der den Unabhängigkeitskampf seines Heimatlandes, des damaligen Ostpakistan und heutigen Bangladesch, anführte, scherte sich nicht darum, dass er Muslim war. Stattdessen verband er seine kollektive Identität mit der Tatsache, dass er in Bengalen geboren war, wovon etwa ein Drittel zu Indien gehörte, und dass seine Muttersprache Bengali war, was auch die Muttersprache der Menschen im westlichen, das heißt indischen Teil Bengalens ist. Urdu, die Amtssprache des damaligen Pakistan, dessen Bürger Mujibur Rahman bis zum erfolgreichen Ausgang des Unabhängigkeitskampfes im Jahr 1971 gewesen war, spielte für sein Identitätsempfinden überhaupt keine Rolle.

Um ein anderes Beispiel anzuführen: Die jungen muslimischen Selbstmordattentäter aus pakistanischen Einwandererfamilien, die in Großbritannien lebten und ihren Anschlag in einem Londoner U-Bahn-Tunnel ausführten, waren britische Staatsbürger. Sie waren in Großbritannien geboren und aufgewachsen und in diesem Land zur Schule gegangen. Für sie jedoch bestand ihre kollektive Identität wie die al-Zawahiris darin, dass sie Muslime waren. Sie waren zornig und fühlten sich unterdrückt, weil in ihren Augen die Briten und die Amerikaner Muslime in Afghanistan und im Irak töteten. Sie übten Rache, indem sie britische Bürger und unabsichtlich auch einige Bürger anderer Länder töteten.

In Indien behauptete man vor der Unabhängigkeit allgemein, dass die britischen Herrscher der Devise „Teile und herrsche" folgten, dass sie den Konflikt zwischen Hindus und Muslimen schufen oder zumindest schürten, um ihre Herrschaft aufrechterhalten zu können. Das überzeugt mich nicht. Auch wenn allgemein gesprochen die meisten gewöhnlichen Leute dieser zwei großen Religionsgemeinschaften Indiens sich immer nach einem friedlichen Zusammenleben gesehnt haben mögen und der Devise folgten „Leben und leben lassen", auch wenn viele von ihnen sogar Freunde und gute Nachbarn aus der jeweils anderen Religionsgemeinschaft hatten, hat es immer schon viele Fanatiker gegeben, die in der anderen Religionsgemeinschaft Gegner ihrer eigenen Vision eines künftigen Indien oder Hindernisse ihrer persönlichen Bestrebungen sahen.

Die Fanatiker hatten auch eine theoretische Grundlage für ihren Standpunkt. Es war die Zwei-Nationen-Theorie. Mohammed Ali Jinnah, der Gründervater Pakistans, fasste sie in folgende Worte: „Hindustan (d. h. Indien) ist weder ein Land noch bilden seine Einwohner eine Nation. Das ist ein Subkontinent, der aus vielen Nationen besteht, von denen die Hindus und die Muslime die zwei größten sind."[27]

Vor ihm hatten bereits andere Ideologen die unüberbrückbare Kluft zwischen Glauben und religiöser Praxis von Hindus und Muslimen, ihrer beiden Kulturen, ihrer Sprachen und ihrer Sozialsysteme betont. In heutiger Terminologie ausgedrückt: „Die Muslime erkannten, dass sie ihre Identität verlieren würden, wenn sie ein Teil der Hindu-Gesellschaft blieben." Ich habe Interviews mit Pakistani zu dieser Frage gehört. Niemand beschuldigte die Briten für die Teilung Indiens. Die Substanz dessen, was ich gehört und gelesen habe, lässt sich folgendermaßen zusammenfassen: Wenn Indien nicht geteilt worden wäre,

[27] http://notesonpakistan.blogspot.de/2009/08/two-nations-theory.html (aufgerufen am 29.7.2024).

dann lebten jetzt alle indischen Muslime als benachteiligte Minderheit in einem von der Hindu-Mehrheit beherrschten Land. Das wollten sie nicht akzeptieren. Ich kann diese Angst verstehen. Schließlich hatten die Muslime vor der Eroberung Indiens durch die Briten über den größeren Teil Indiens geherrscht und die Privilegien einer herrschenden Minderheit genossen. Und einige ihrer Könige und Kaiser hatten die Hindu-Mehrheit nicht gerade sanft behandelt.

Andererseits konnten viele Hindus nicht vergessen, dass muslimische Heere aus dem weit entfernten Zentralasien und aus Afghanistan in einer Zeit der Schwäche und des Niedergangs der Hindu-Könige in Indien eindrangen, plünderten und es schließlich eroberten. Sie wollten die mutmaßliche Glorie des hinduistischen Indien wiederherstellen. Nicht nur die indischen Muslime, die sich in der Partei der Muslim-Liga organisierten, vertraten die Zwei-Nationen-Theorie, sondern auch radikale Hindus, die in der Partei *Hindu Mahasabha* (Große Versammlung der Hindus) organisiert waren und deren militanter Flügel die Vereinigung *Rashtrya Swayam Sevak Sangh* (RSS = Vereinigung der Staatsfreiwilligen) war, behaupteten, dass die Hindus und die Muslime Indiens zwei verschiedene gegensätzliche Nationen wären.[28]

Wer die europäische Geschichte einigermaßen kennt, der weiß um den Dreißigjährigen Krieg (1618-1648) zwischen den Katholiken und Protestanten, in dem Mitteleuropa verwüstet wurde. Dieser Krieg wurde unter der Führung der jeweiligen Fürsten der zwei Konfessionen ausgetragen. In Indien fanden sowohl vor als auch nach 1947, als zwei unabhängige Staaten, nämlich Indien und Pakistan, gegründet wurden, Massaker und Vertreibungen in großem Stil von mehreren Millionen Indern statt. Die Hindus wurden aus Pakistan vertrieben und die Muslime aus Indien. Erstere fanden Zuflucht in Indien und Letztere in Pakistan. Die Macht des bis dahin so mächtigen Britischen Weltreichs gab es nicht mehr. Die Massaker und Zwangsvertreibungen fanden unter der Führung von fanatischen Verbrechern der beiden Religionen statt, denen es gelang, den Zorn der Massen anzustacheln.

Alle progressiven, linken und sonstwie modernen Menschen unterschätzen stets die Macht traditioneller religiöser Glaubensüberzeugungen. In Europa – allgemein gesagt in der angeblich progressiven

[28] https://www.frotierweekly.com/articles/vol-54-27/54-27-Pot%20Calling%20the%20Kettle%20Black.html (aufgerufen am 29.7.2024).

westlichen Kultur – sind die Religionen nicht mehr so mächtig wie früher. Doch auch hier hat die Islamophobie wiederum ihr Haupt erhoben. Der Premierminister Ungarns, eines EU-Staates, kann stolz behaupten, dass sein Land keine muslimischen Flüchtlinge, lediglich einige christliche, aufnehmen wird.

Ohne Zweifel hat die ansässige weiße und christliche Bevölkerung Europas Grund zum Argwohn. Man kann diese Islamophobie als eine Reaktion auf die Tötungskampagnen islamischer Terroristen in der ganzen Welt, auch in Europa, rechtfertigen. Sowohl die Aktionen als auch die Reaktionen beweisen die Macht religiöser Identitäten als Konfliktfaktoren. Die Erinnerung an die arabisch-muslimische Eroberung Spaniens kann aus dem Gedächtnis der betreffenden Völker nicht getilgt werden. Der Geschichtsunterricht in den Schulen sorgt dafür. Indessen setzen Schiiten und Sunniten, die zwei Hauptströmungen des Islam, ihren ca. 1400 Jahre alten blutigen Kampf um die Vorherrschaft in der islamischen Welt fort.

In Indien dachten wir, dass der Konflikt nach der Teilung des Landes im Jahr 1947 für immer beigelegt wäre. Doch Konflikte zwischen Hindus und Muslimen brechen immer wieder aus. Es bedarf lediglich eines kleinen Zwischenfalls, der als Provokation gedeutet wird, um Anschläge auf die muslimische Minderheit durch reaktionäre Kräfte der Hindus auszulösen.

Beispiele aus der Geschichte, auch aus der jüngeren Geschichte, zeigen, dass nicht nur die Verteidigung der eigenen religiösen Identität als Motiv für ein aggressives und/oder rachsüchtiges Verhalten herhalten kann. Einige Religionen – der Islam und das Christentum, um nur die prominentesten Beispiele zu nennen – sind von missionarischem Eifer erfüllt. Ein solcher Eifer vermischt sich oft mit dem Wunsch nach territorialer Ausdehnung oder nach stärkerem Einfluss eines Reiches oder Regimes und mit der Notwendigkeit, neues Territorium für eine wachsende Bevölkerung zu erobern. Anfangs wies auch der Buddhismus missionarischen Eifer auf. Doch als eine gewaltfreie Religion verlor er offensichtlich jede Aggressivität, die er einst besessen haben mag, auch wenn wir nicht sicher wissen, ob er in der Vergangenheit irgendeine Rolle in den von den thailändischen und burmesischen Königen geführten Kriegen spielte.

Selbst ein Teil der indischen Sikh, einer kleinen Minderheit auf dem indischen Subkontinent, die ebenfalls im Jahr 1947 aus dem neu gegründeten Pakistan flohen oder vertrieben wurden, wollten bereits vor 1947 einen neuen unabhängigen Staat auf der Grundlage ihrer Religion und ihrer Kultur in der indischen Provinz Punjab gründen, wo sie die Mehrheit der Bevölkerung ausmachen. Dieser Staat sollte Khalistan, Land der Khalsa, genannt werden. Es muss hier auch erwähnt werden, dass im Falle dieser Bewegung auch die Sprache der Sikh, nämlich Punjabi, eine wichtige Rolle spielte.

In den 1980er Jahren zettelten sie sogar eine gewaltsame Rebellion gegen den indischen Staat an, doch diese wurde bald von den indischen Sicherheitskräften niedergeschlagen. Als Vergeltung sprengten sie zwei indische Passagierflugzeuge über dem Atlantik und töteten die damalige Premierministerin Indiens, Indira Gandhi. Die Hindus schlugen in Delhi, der Hauptstadt Indiens, zurück, indem sie etwa zweitausend arme Sikh töteten.

Ethno-religiöser Identitätskonflikt in Nordirland

Es muss allen Europäern noch frisch in Erinnerung sein, wie in Nordirland irische Katholiken und Protestanten, die von englischen oder schottischen Einwanderern abstammten, einen dreißig Jahre langen blutigen Guerrillakrieg führten – die Katholiken (Nationalisten genannt) für die Befreiung und die Integration ihres Territoriums in die Republik Irland und die Protestanten (Unionisten genannt) für die Beibehaltung des Status als Teil Großbritanniens.

Die gesamte Insel Irland war bis 1921 eine britische Kolonie, als nach einem langen Unabhängigkeitskampf die Republik Irland gegründet wurde, aber nicht bevor die Insel in die Republik Irland und das Gebiet von Nordirland geteilt worden war, dessen protestantische Mehrheit es ablehnte, unter katholischer Herrschaft zu leben.

Die kulturelle Spaltung hatte noch eine andere Dimension: Die Protestanten Nordirlands sind Nachfahren der verhassten Siedler aus dem kolonialistischen Großbritannien, das heißt Ausländer, die das Land besetzten. Tatsächlich waren die Siedler wie in den meisten anderen ähnlichen Fällen arme Bauern und Landarbeiter gewesen, die gezwungen waren, ihr Land zu verlassen. Sie fühlten sich jedoch über Generationen hinweg immer noch ihrem Ursprungsland verbunden. Die Nationalisten sind Katholiken und Nachkommen der ursprünglichen

Bevölkerung vor der Eroberung durch die Briten. Ja mehr noch: Unter der britischen Kolonialherrschaft waren sie Opfer vielerlei Diskriminierung gewesen, was eine zornige Reaktion hervorrief, die in das mündete, was als „Unruhen“ bekannt wurde. Das war die Zeit der gewaltsamen Kämpfe, im Verlauf derer mehr als 3600 Menschen getötet wurden, insbesondere in der Zeit von 1968 bis 1994.

Der gewaltsame Konflikt endete mit dem Karfreitagsabkommen von 1998 (10. April) und dem darauffolgenden Referendum (22. Mai), das bestätigte, dass die Mehrheit der Menschen Nordirlands wollte, dass das Land ein Teil Großbritanniens bliebe. Man kam auch überein, dass der verfassungsgemäße Status des Territoriums in Zukunft verändert werden kann, wenn und falls alle Parteien dies wollten. Nordirland verfügt heute über eine dezentralisierte Regierung wie Schottland und Wales.

Obwohl die Katholiken mehrheitlich die Integration in die Republik Irland fordern, ist es nicht so, dass sie bei Wahlen alle für Sin Féin oder die Sozialdemokraten stimmen. Viele geben der konservativen Politik der Unionistenparteien den Vorzug. Ebenso sprechen nicht alle von ihnen Gälisch, die ursprüngliche Sprache aller Iren. Heute sprechen die Erwachsenen in 95 % der Haushalte hauptsächlich Englisch, obwohl Gälisch die zweite Amtssprache Nordirlands ist.

Ethnokulturelle Identitätskonflikte in Sri Lanka

Eine Kombination von drei starken Identitäten, nämlich Ethnizität, Religion und Sprache, die einer anderen Kombination derselben drei Kategorien von Identitäten gegenübersteht – das kann explosiv werden. Und das passierte tatsächlich in Sri Lanka in den Jahren 1983 bis 2009.

Auf diesem Inselstaat, der sehr nah bei Indien liegt, setzt sich die Bevölkerung von ca. 22 Millionen Einwohnern aus verschiedenen Ethnien zusammen: Die Mehrheit sind Singhalesen und machen 74,9 % der Gesamtbevölkerung aus. Die Tamilen bilden die zweitgrößte ethnische Gruppe mit einem Anteil von 15,4 % an der Gesamtbevölkerung. Eine weitere große ethnische Gruppe bilden die srilankischen Moors mit 9,2 %. Die sogenannten „anderen" belaufen sich alle zusammengenommen auf eine zu vernachlässigende Größe von 0,5 %.[29]

Die Prozentzahl der Tamilen wird für gewöhnlich unterteilt in srilankesische Tamilen (11,2 %) und indische Tamilen (4,2 %). Die Präsenz srilankesischer Tamilen auf dieser Insel kann bis in die Antike (2. Jh. v. Chr.) zurückverfolgt werden, als die heutige Unterscheidung zwischen den beiden Staaten Sri Lanka und Indien vielleicht noch nicht existierte. Die indischen Tamilen sind (wie die protestantischen Schotten in Nordirland) eindeutig Nachfahren von Einwanderern aus Südindien, die im 19. und frühen 20. Jahrhundert für die Arbeit in den Kaffee-, Tee- und Kautschukplantagen angeworben wurden.

Die Tamilen sind ethnisch betrachtet Inder, ihre Religion ist der Hinduismus und sie sprechen Tamil. Sie fühlten sich von der ethnischen Gruppe, die die Mehrheit bildet, den Singhalesen, diskriminiert und unterdrückt. Diese sind Buddhisten und sprechen Singhalesisch, eine indoarische Sprache. Die Tamilen rebellierten, bauten ihre eigene Armee, die *Tamil Tigers*, auf und führten einen langen Bürgerkrieg gegen die Streitkräfte des Staates im Bestreben, einen eigenen und unabhängigen Staat im Norden und Nordosten der Insel zu gründen.

Die Klagen der tamilischen Minderheit bezogen sich nicht nur auf Diskriminierung auf der Alltagsebene der Verwaltung. Sie waren auch sehr besorgt über diskriminierende politische Entscheidungen auf höchster politischer Ebene. So bezeichnete sich der Premierminister Bandaranaike im Jahr 1956 selbst als den „Verteidiger der belagerten singhalesischen Kultur".[30] Im Eifer, mit der er diese Rolle ausfüllte, erließ er das „Sinhala-Only-Gesetz", das Singhalesisch als die einzige Amtssprache der Regierung festlegte. Das Gesetz wurde später zum Teil überarbeitet und heute zählt auch Tamilisch als eine Amtssprache.

Eine weitere politische Entscheidung, die von den Tamilen als Diskriminierung empfunden wurde, war die „Politik der Standardisierung", die im Jahr 1971 von der Regierung unter dem Präsidenten Sirimavo Bandaranaike verfügt wurde. Diese Politik sollte den Effekt haben, den Anteil tamilischer Studenten an den Universitäten zu reduzieren,

[29] https://de.wikipedia.org/wiki/Sri_Lanka#Demografie (aufgerufen am 30.7.2024).

[30] https;//en.wikipedia.org/wiki/Sri_Lanka#Contemporary_history; https://theconversation.com/sri-lanka-has-a-history-ofconflict-but-the-recent-attacks-appear-different-115815 (aufgerufen am 30.7.2024).

um Platz für Kandidaten aus bildungsmäßig unterentwickelten Gebieten zu schaffen.

Diskriminierung ist auch in der Verfassung des Landes verankert. Sie ermahnt die Republik, „dem Buddhismus den bevorzugten Platz einzuräumen“, und merkt an, dass „es dementsprechend die Pflicht des Staates sein wird, die Buddha Sasana [Lehre des Buddha] zu schützen und zu fördern“[31]. Wie wir wissen, sind die Tamilen in Sri Lanka Hinduisten. In der Tat haben beide Seiten, die Tamilen und die Singhalesen, die mehrheitlich Buddhisten sind, religiöse Gefühle im Wahlkampf eingesetzt. Selbst Mönche waren über politische Parteinahme nicht erhaben.

Kastenkonflikte im hinduistischen Indien

Auch in Indien ist die Diskriminierung unter Hinduisten selbst auf der Grundlage des Kastensystems stark verankert. Als progressive Teile der gebildeten Eliten politisch die Macht innehatten, führten sie Reformmaßnahmen ähnlich denen der „affirmative actions“ in den USA durch, um die Situation der unterdrückten Kasten zu verbessern. Doch dagegen gab es viel Widerstand aus den Reihen der Hindus, die höheren Kasten angehörten, wie zum Beispiel gewaltsame Demonstrationen gegen die Reservierung von Studienplätzen für Studenten aus den niederen Kasten in den 1990er Jahren. Heute sind Hindu-Nationalisten und konservative Politiker seit 2014 an der Macht, und Beamte aus den hohen Kasten zwingen das Land zurück in die unterdrückerische Atmosphäre der Vergangenheit.

In Indien war das Kastensystem der Hindu-Gesellschaft immer schon ein starker politischer Faktor. Nicht nur die vier Hauptkasten – *Brahmanen*, *Kshatriyas*, *Vaishyas* und *Shudras* (Priester, Krieger, Händler und Arbeiter) –, sondern auch eine Vielzahl von verschiedenen Unterkasten, in die eine jede dieser Hauptkasten nochmals unterteilt ist, und die zahlreichen niedrigeren „registrierten“ Kasten und Stämme haben den indischen Dschungel an Identitäten hervorgebracht und die Politik komplizierter gemacht als in irgendeinem anderen Land.

[31] https://en.wikipedia.org/wiki/Sri_Lanka‘Religion (aufgerufen am 30.7.2024).

Die Aufteilung einer Gesellschaft in Kasten (im Unterschied zu Klassen) ist kein Alleinstellungsmerkmal der indischen Hinduisten. Das System gibt es in der einen oder anderen Form auch in anderen Gesellschaften. In denen ist es lediglich nicht durch irgendeinen religiösen Kodex so starr festgelegt wie im hinduistischen Indien. Das System existiert(e) in Westafrika südlich der Sahara (z.B. im Senegal) und in den spanischen und portugiesischen Kolonialgesellschaften Südamerikas (*sociedad de castas*). De facto gibt es eine Unterteilung in Kasten auch unter indischen Muslimen und indischen Christen. Bei Ersteren soll es drei Kasten geben: *Ashrafs* (Edle), *Ajlafs* (Muslime der mittleren Kaste) und die niedrigste Kaste der *Arzals*, die den niedrigsten Kasten bei den Hinduisten entsprechen. Bei den indischen Christen gibt es einige, die sich als *Brahmanische Christen*, und andere, die sich als *Dalit* (unterdrückte Christen) bezeichnen. Die Existenz dieses Systems in verschiedenen Gesellschaften bis heute führt mich zur Schlussfolgerung, dass es irgendeinen *allgemeinen Grund* dafür geben muss, dass es entstand und weiterbesteht, der nichts mit der kulturellen Rückständigkeit des Landes und der Gesellschaft zu tun hat.

Die grundlegenden Merkmale des Verhaltens von uns Menschen sind über den Großteil unserer sozialen Entwicklung hinweg weitgehend ähnlich geblieben. So stellt es Desmond Morris in seinem Buch *Der nackte Affe* fest (Morris 1968). Da wir soziale Lebewesen sind, wollen und müssen wir wie die Schimpansen auch *einer Gruppe*, einer Familie, einer erweiterten Familie *angehören*. Diese Gruppe verleiht einem jeden von uns seine kollektive *Identität*. Die Gruppenzugehörigkeit war immer schon sehr wichtig in Bezug auf materielle Hilfe, wirtschaftliche Sicherheit und psychische Stabilität. Insbesondere in armen, unterentwickelten Ländern oder Regionen sind Stammes- und ethnische Identitäten sowie die entsprechenden Loyalitäten sehr hilfreich.

In Indien ist oftmals die Zugehörigkeit zu einer Kaste hilfreich. Oft findet ein junger Mensch aufgrund des Einflusses eines älteren Kastenmitglieds eine Arbeitsstelle. Und es hilft auch bei Wahlen, wenn der Kandidat der richtigen Kaste angehört. Einige Identitäten hoher Kasten wie etwa die Brahmanen oder Kshatriyas bei den Hinduisten tragen einem gesellschaftliches Prestige und entsprechende Macht ein, wofür alle Menschen anfällig sind. Man kann leicht verstehen, warum Leute, die über eine solche ererbte „höhere“ Identität, Privilegien und entsprechende Macht verfügen, diese meist auch behalten und damit prahlen wollen.

Das Ressentiment derer, die weder ihre ererbte niedrige Kastenidentität schätzen, die andere ihren Vorfahren verliehen haben und die überhaupt nicht mehr zu ihrem aktuellen Beruf passen mag, noch irgend eine andere höher gewertete Identität (z.B. Geschäftsmann) und auch keine Chance haben, eine solche zu erwerben, ist ebenfalls leicht nachzuvollziehen. Sie sind nicht länger bereit, die ererbten Privilegien der höheren Kasten und die Leiden und Nachteile, die sie selbst ererbt haben, hinzunehmen. Aus diesem Grund brechen nun schon seit vielen Jahren immer wieder Kastenkonflikte aus, und oftmals münden sie in Gewalt.

Sprachliche Identität und sprachlicher Nationalismus als Faktoren

Bangladesch

Wie die Religion ist auch die Muttersprache einer Person ein sehr starker Identitätsfaktor. Weiter oben habe ich das Beispiel des Mujibur Rahman, des Anführers der Befreiungsbewegung Bangladeschs, angeführt. Die Einwohner von Bangladesch heute waren bis 1971 Ostpakistaner. Um 1947, am Vorabend der Unabhängigkeit des indischen Subkontinents, optierte die Mehrheit der Bewohner Ostbengalens, die Muslime waren, für den Staat Pakistan, der bald gegründet werden sollte, als Heimat aller Muslime des indischen Subkontinents. Doch es gab auch den Vorschlag, einen dritten Staat zu gründen, nämlich den Staat Bengalen, der alle Bengali sprechenden Regionen Indiens umfassen sollte.

Zwei Jahrzehnte später merkten die ostbengalischen Muslime, dass sie einen großen Fehler begangen hatten. Obwohl sie die Mehrheit der Bevölkerung Pakistans bildeten, waren die, welche das Land tatsächlich regierten, die Westpakistani, insbesondere die Generäle und das Militär. Die Bengalen aus Ostpakistan waren sowohl in den Streitkräften als auch in der Zentralverwaltung sehr deutlich unterrepräsentiert. Und der Überschuss aus dem Export von Reis und Juteprodukten aus Ostpakistan wurde dazu benutzt, die Importe der Westpakistani zu bezahlen.

Ja schlimmer noch: Die Westpakistani konnten es nicht dulden, dass die Ostpakistani weiterhin ihre Muttersprache, Bengali, in Wort und Schrift benutzten, jene Hochsprache, die von Hindus entwickelt worden war, die hauptsächlich in der indischen Provinz Westbengalen lebten. Die Zentralbehörden, die von Urdu sprechenden Westpakistani dominiert waren, unterbanden die Verbreitung von bengalischer Literatur und Musik, darunter auch die Arbeiten von Rabindranath Thakur, dem großen Dichter aller Bengalen. Sie versuchten auch, Urdu als die einzige Amtssprache durchzusetzen. Eine solche Politik führte dazu, dass nach dem Empfinden der Ostpakistani ihre Provinz auf den Status einer Kolonie Westpakistans herabgestuft worden sei. Die Bengalen Ostpakistans reagierten mit der *Bengali-Bewegung*, die die Zentralregierung letztlich dazu zwang, Bengali als die zweite Amtssprache einzuführen.

Ich kann hier nicht die ganze Geschichte Bangladeschs erzählen. Nur so viel: Innerhalb der Befreiungsbewegung des Landes in den Jahren 1970 und 1971 war die Diskriminierung ihrer Muttersprache, des Bengali, der stärkste ursächliche Faktor, wenn zweifelsohne auch die wirtschaftliche und politische Diskriminierung wie überall eine wichtige Rolle spielte.

Indien: Einige Fallbeispiele aus der jüngeren Geschichte

Auch in Indien haben die Vielfalt der hochentwickelten indischen Sprachen und der Völker, deren Muttersprache sie sind, zu auf die Sprache bezogenen ethnischen Gefühlen geführt. Doch zum Glück versucht außer den Sikh, die Punjabi sprechen, keine ethnische Gruppe, sich abzuspalten. Das mag zum Teil dem Umstand geschuldet sein, dass die gebildete Mittelklasse trotz Indiens großer Ausdehnung und zahlenmäßig riesiger Bevölkerung überall Englisch als ihre *lingua franca* und als eine von Indiens Amtssprachen akzeptiert hat. Doch einige Konflikte konnten nicht vermieden werden.

Hindi (oder eher verschiedene regionale umgangssprachliche Varianten der Hindi-Hochsprache) ist allgemein gesagt die Muttersprache der meisten Inder im zentralen Norden des Landes. Während der Zeit der Unabhängigkeitsbewegung ging man stillschweigend davon aus, dass Englisch nach dem Ende der britischen Herrschaft nicht die Sprache der Zentralregierung bleiben könnte. In den Hindi sprechenden Regionen nahm man in ähnlicher Weise an, dass Hindi zur National-

und Amtssprache Indiens erklärt werden würde. Doch es sollte nicht so kommen. Als Hindi sprechende führende Persönlichkeiten in der Hauptstadt Neu Delhi versuchten, diese Änderung durchzusetzen, wurde dies im ganzen Süden Indiens mit seinen dravidischen Sprachen und seiner dravidischen kulturellen Tradition schroff zurückgewiesen. Man sah Graffitti mit Slogans wie „Hindi nie, Englisch immer“. Und auch andere Regionen widersetzten sich der Einführung von Hindi als Nationalsprache und einzige Amtssprache der Zentralregierung. Heute kann man die Situation folgendermaßen beschreiben: „Es gibt keine in der Verfassung verankerte Nationalsprache Indiens; Hindi und Englisch werden gleichermaßen als die offiziellen Sprachen Indiens betrachtet.“[32]

Abgesehen davon mussten seit den frühen 1950er Jahren mehrmals konstituierende Staaten der Bundesrepublik Indien aufgrund von Sprachkonflikten anerkannt werden. Größere Staaten wurden in kleinere unterteilt, und so ging es auch noch nach 1956 weiter, als das ganze Land auf der Grundlage der von der Mehrheit der Leute dort gesprochenen Sprache in kleinere Staaten neu aufgeteilt und neu organisiert wurde. In einigen Fällen wurden sogar nach demselben Prinzip größere Distrikte geteilt, und die beiden Teile wurden zwei benachbarten Staaten angegliedert. Man muss jedoch auch festhalten, dass wenigstens in vier Fällen auch die Religion eine Rolle spielte: in Meghalaya (74 % Christen), Mizoram (87 % Christen), Nagaland (88 % Christen) und Punjab (58 % Sikh).[33]

In manchen Fällen spielte in Indien die Muttersprache als Faktor kollektiver Identität eine schlimme Rolle in Streitereien zwischen indischen Gemeinden um Land, Arbeitsplätze und die Möglichkeit, kleine Geschäfte zu betreiben. Das zeigte sich in der im äußersten Osten gelegenen Provinz (Bundesstaat) Assam. Dort sprechen 48,4 % der Bevölkerung Assamesisch, doch eine erhebliche Minderheit, nämlich 28,9 %, spricht Bengali und 6,7 % sprechen Hindi.[34] Die meisten An-

[32] https://currentaffairs.adda247.com/national-languages-of-india/ (aufgerufen am 30.7.2024).

[33] Understanding Religious Minorities in India: Key Characteristics and Recognition: https://himalayanexpress.in/2023/06/01/unterstanding-religious-minorities-in-india-key-characteristics-and-recognition/ (aufgerufen am 30.7.2024).

[34] https://de.wikipedia.org/wiki/Assam#Sprachen (aufgerufen am 30.7.2024).

gehörigen der beiden Minderheiten leben schon lange dort. Doch viele andere, sowohl Hindus als auch Muslime, waren aus dem Bengali sprechenden Westbengalen und Bangladesch nach 1971 eingewandert, als Bangladesch gerade entstand, und ließen sich dort nieder. Eine solche Einwanderungsbewegung nach Assam hatte in der Zeit der britischen Herrschaft vor mehr als hundert Jahren begonnen und dauert bis heute an. Wie überall sonst auch in Indien gab es unter der ursprünglichen Assamesisch sprechenden Bevölkerung auch viele Muslime, die in den Jahrhunderten zuvor zum Islam konvertierten. Im Jahr 2011 betrug der Gesamtanteil der muslimischen Bevölkerung in Assam 34,22 %.[35]

In einem solchen Staat wuchs die Bevölkerung von acht Millionen im Jahr 1951 auf 31 Millionen im Jahr 2011 an. Es wird geschätzt, dass die Zahl der Bevölkerung im Jahr 2018 35 Millionen betrug.[36] Zugleich wurde Assam aufgrund der Neuorganisation der Staaten seit 1956 (s. weiter oben, S. 91) flächenmäßig kleiner. Als das Wirtschaftswachstum mit dem Bevölkerungswachstum und dem Wachstum der Ansprüche der Leute nicht Schritt halten konnte, begannen die Unruhen. Assamesisch sprechende Menschen, das heißt die ursprünglichen Einwohner der Provinz, beklagten sich schon lange, dass Leute aus den anderen Provinzen Indiens und aus Bangladesch – auch als *Außerirdische* bezeichnet – legal und illegal nach Assam einreisten und Arbeitsplätze, Geschäftsgelegenheiten und fruchtbares Waldland in Beschlag nahmen, was ihrer Auffassung nach den Assamesen als den „Söhnen des Bodens" zustünde. Was die Sache noch komplizierter machte: In den vergangenen Jahrzehnten waren die Zahl und der prozentuale Anteil der Muslime, die einige Jahrhunderte lang eine bedeutende Minderheit in Assam ausmachten, aufgrund der illegalen Einwanderung Bengali sprechender Muslime aus Bangladesch angestiegen, was den bereits bestehenden Konflikt zwischen Hindus und Muslimen in der Provinz ebenfalls anfachte.

Aufruhr, der oft in tödlicher Gewalt mündete, zielte auf eine Vertreibung von Bengali sprechenden Leuten in großem Stil. Sie hatten

[35] https://de.wikipedia.org/wiki/Assam#Religionen (aufgerufen am 30.7.2024).

[36] Assams Bevölkerung von 1951 bis 2011: https://de.wikipedia.org/wiki/Assam#Bevölkerungsentwicklung; geschätzte Bevölkerungszahl 2018: https://www.quora.com/How-many-people-are-there-in--the-state-of-Assam (aufgerufen am 30.7.2024).

bereits in den 1950er Jahren begonnen und flammten weiterhin immer wieder auf. All diese Unruhen führten zu einem langfristigen Bemühen des indischen Staates, herauszufinden, wer von der Bevölkerung Assams nicht wirklich ein indischer Staatsbürger, sondern ein illegaler Immigrant aus Bangladesch war. Sie sollten am Ende des Prozesses deportiert werden. Das ist eine lange und komplizierte Geschichte, die hier nicht erzählt werden muss.[37]

Man könnte noch mehr solcher Beispiele aus Indien anführen. In der Vergangenheit (den späten 1960er Jahren) starteten die *Maharastrianer*, die Söhne des Bodens in *Maharastra* in Westindien, der wirtschaftlich am höchsten entwickelten Provinz (Bundesstaat) Indiens, eine Art Kampagne, um gegen die Einwanderung zu vieler Südinder zu protestieren, die angeblich zu viele Bürojobs in Beschlag nahmen, für die legitimerweise Ortsansässige hätten angeworben werden müssen. Etwa ein Jahrzehnt später legten sie dieselbe Art von Widerstand gegen die Anstellung zu vieler *Bihari* (aus der Provinz *Bihar* in Ostindien) für Hilfsarbeiten an den Tag.

Ein Beispiel aus jüngster Zeit ist die Kampagne von *Tamilen* – Söhne des Bodens in *Tamilnadu*, einer Provinz (Bundesstaat) in Südindien – gegen die Einwanderung aus Nordindien in ihren nun entwickelten Bundesstaat, in dem viele neue Industrien entstehen. Viele von ihnen sagen heute sogar: „Indien ist keineswegs eine Nation, sondern eine Union von Staaten, und deshalb kann Hindi nicht die Nationalsprache sein." Der Anführer einer vor kurzem gegründeten extremistischen nationalistischen Staatspartei, der „Wir-Tamilen-Partei", forderte von der Staatsregierung „den Ausschluss und die Vertreibung von Nicht-Tamilen, insbesondere Hindi sprechenden Leuten, aus Tamilnadu" (Victus 2023).

Separatismus in der westlichen Welt: Belgien, Quebec, Katalonien, Schottland, Jugoslawien

Sprachidentität und Sprachnationalismus scheinen universale Phänomene zu sein. Ihr starker Einfluss kann auch in der westlichen Welt

[37] Weitere Informationen zur Situation in Assam bieten Gobain 2018 und Sharma 2018.

beobachtet werden. Ich möchte hierfür einen kurzen Überblick über fünf Beispiele geben.

Belgien: ein Land mit drei Sprachen

Belgien als Staat ist ein reines Produkt der europäischen Geschichte, der verschiedenen Kriege und der Konkurrenz um Einflusssphären zwischen Herzogtümern, Monarchien, Reichen usw. Seine gegenwärtige bleibende Gestalt erhielt es erst im Jahr 1830.

Aufgrund dieser Entstehungsgeschichte umfasst das Land drei Sprachregionen: Wallonien (französischsprachig), Flandern (flämischsprachig) und das zweisprachige Brüssel. Darüber hinaus gibt es noch eine – weniger bedeutende – deutschsprachige Minderheit (in Eupen und Umgebung). Es sind zwar nur etwa 100.000 Menschen, deren Muttersprache Deutsch ist, aber Deutsch ist dennoch als dritte Amtssprache anerkannt. Bis in jüngere Zeit war Französisch die einzige Amtssprache. Dies galt auch für die Flämisch sprechende Bevölkerung. Flämisch als Variante des Niederländischen in Flandern wurde etwas despektierlich als die Sprache von Bauern betrachtet. Dahinter verbarg sich auch ein wirtschaftlicher Grund. Das Französisch sprechende Wallonien war die Region, wo die Industrialisierung des Landes ihren Anfang nahm und rasche Fortschritte machte.

Wie die Bengali sprechenden Menschen in Ostpakistan nahmen auch die Flämisch sprechenden Belgier dies nicht lange hin. Es entwickelte sich eine Art von Widerstreit zwischen den beiden Sprachgruppen, der bis heute besteht.

Der weiter bestehende Widerstreit führte ab den 1970er Jahren zu weitreichenden Reformen, die den zunächst einheitlichen belgischen Staat zu einem Bundesstaat machten, der sich aus den drei erwähnten Sprachregionen (Wallonien, Flandern und das zweisprachige Brüssel) zusammensetzt. Seither ist die politische Landschaft Belgiens ein schwieriges Terrain geworden, in dem die Regierungsbildung nach einer Wahl ein langer, schwieriger Prozess ist. Das Land ist nun auch kulturell gespalten. Um dies zu veranschaulichen: Es gibt zwei grüne Parteien in diesem kleinen Land: *Agalev* ist die flämische grüne Partei und *Ecolo* die der Französisch sprechenden Belgier.

Quebec

Quebec, Katalonien und Schottland, Regionen bzw. Provinzen Kanadas, Spaniens und Großbritanniens, die einen je unterschiedlichen Grad an Autonomie und Machtübertragung genießen, versuchen seit etlichen Jahrzehnten, sich aus dem gegenwärtigen Status zu befreien und in vollem Sinne unabhängige Staaten zu werden.

Quebec war eine französische Kolonie (Neufrankreich genannt), doch aus mehreren Gründen schwächer als die britischen Kolonien weiter im Süden (Neuengland). In mehreren englisch-französischen Kriegen (1759-1963) erlangte England die Oberhand und Neufrankreich wurde eine britische Kolonie. Doch die Assimilation oder gar Integration der französischsprachigen Siedler scheiterte.

Seit den 1960er Jahren gibt es einen Aufschwung eines Quebec-Nationalismus. Es wurde eine neue militante politische Partei namens *Front de Libération du Québec* (FLQ) gegründet, die sich die Unabhängigkeit der Provinz zum Ziel gesetzt hat. Zwischen 1863 und 1970 führten sie viele Gewaltakte wie Bombenattentate und Banküberfälle durch. Ein Regierungspolitiker wurde entführt und später ermordet aufgefunden. Das letzte Ziel war es, einen marxistisch-kommunistischen Staat in Quebec zu gründen. Die Regierung verhängte als Antwort das Kriegsrecht, das Kerkerhaft ohne Prozess ermöglichte. Die FLQ wurde schließlich unterworfen.

Im Gegensatz dazu versuchte eine andere Partei, die *Parti Québecois*, die Unabhängigkeit auf friedlichem Weg zu erreichen. Sie kam im Jahr 1976 durch Wahlen in der Provinz an die Macht und führte im Jahr 1980 ein Referendum zur Unabhängigkeit durch. Doch die Mehrheit der Einwohner der Provinz (59,5 %) lehnte die Unabhängigkeit ab – offensichtlich aus wirtschaftlichen Gründen. Im Oktober 1995 wurde ein zweites Referendum zur Souveränität Quebecs durchgeführt. Es scheiterte ebenfalls, doch mit einem sehr knappen Ergebnis (50,58 % stimmten mit „Nein“, 49,42 % mit „Ja“).[38] Die Zentralregierung wurde beschuldigt, das Ergebnis mit unlauteren Mitteln beeinflusst zu haben.

Doch die Bewegung konnte einige Erfolge verzeichnen. Heute genießt Quebec den Status einer „Nation“ innerhalb der Bundesrepublik Kanada, was mehr bedeutet, als nur eine autonome Region zu sein. Und eines der wichtigen Ziele der Bewegung, nämlich die Wertschät-

[38] https://de.wikipedia.org/wiki/Québec#Separatismus (aufgerufen am 31.7.2024).

zung der französischen Sprache zu erhöhen, wurde ebenfalls erreicht. Französisch war bereits seit 1977 die Amtssprache Quebecs. Im Jahr 2022 verabschiedete die Provinz ein Gesetz zur Respektierung des Französischen als Amts- und Umgangssprache Quebecs.

Katalanischer Nationalismus

Katalonien war lange Zeit ein souveränes Fürstentum. Es verlor seine Unabhängigkeit im Jahr 1714 nach der Kapitulation der katalanischen Streitkräfte im Spanischen Erbfolgekrieg.

Während der Zweiten Republik (1931-1939) genoss die Region Selbstverwaltung und das Katalanische wurde wieder die Amtssprache. Doch nach der Niederlage der Republik und während der Franco-Diktatur ging beides wieder verloren.

Katalonien war eine industrialisierte Region Spaniens. Während Francos Diktatur litt es auch wirtschaftlich. Doch die Erholung begann zu Beginn der 1960er Jahre, und die Region wurde wiederum wohlhabend. Und unter der neuen monarchisch-demokratischen Verfassung (1978) erlangte Katalonien wieder die Selbstverwaltung, wenn auch nur in inneren Angelegenheiten.

Doch viele Katalanen waren mit dem Status der Autonomie lediglich in inneren Angelegenheiten nicht zufrieden. Sie wollten die Unabhängigkeit im vollen Sinne wiedererlangen. Bereits im Jahr 1931 hatten ihre Anführer den Status einer Republik innerhalb Spaniens gefordert, hatten aber schließlich die Autonomie akzeptiert.

Gewisse schlechte Entwicklungen in Wirtschaft und Politik – die Wirtschaftskrise nach dem Finanzcrash von 2008 und das Verfassungsgerichtsurteil von 2010, das bestimmte Teile des Autonomiestatuts von 2006 als verfassungswidrig erklärte – lösten massenhafte Proteste aus. Um 2010 kam es zu einem Wiederaufflammen des katalanischen Nationalismus. Seither wird der Ruf nach Unabhängigkeit lauter und häufiger.

Für die Unabhängigkeit machten die Katalanen alles außer einen Befreiungskrieg zu führen, doch bis jetzt hatte das keinen Erfolg. Sie haben zwei Wahlen zum Regionalparlament (2012 und 2015) und zwei Referenden zur Selbstbestimmung durchgeführt. Das Ergebnis des ersten, nicht bindenden, Referendums im Jahr 2014 war eine große Mehrheit zugunsten der Selbstbestimmung. Doch da die Gegner der Unabhängigkeit das Referendum boykottiert hatten, war der Abstimmungserfolg zu niedrig, um überzeugend zu sein. Im Jahr 2015 wurde ein neues, diesmal bindendes, Referendum durchgeführt. Doch die Zentralregierung verbot es als nicht gesetzeskonform. Die Regionalregierung widersetzte sich diesem Verbot und führte das Referendum 2017 durch. Doch die Zentralregierung verhinderte eine reibungslose Abstimmung durch brutale Polizeigewalt und die Inhaftierung von führenden Befürwortern der Unabhängigkeit. Dennoch verabschiedete das Regionalparlament eine Resolution, in der es die Unabhängigkeit Kataloniens proklamierte. Sie wurde von der Zentralregierung jedoch für nichtig erklärt, die zugleich die Kontrolle über katalanische Institutionen übernahm. Der Präsident der Region und fünf frühere Minister mussten aus dem Land fliehen.[39]

Schottland

Im Lauf der Geschichte Schottlands hat es etliche Konflikte zwischen den Königsdynastien Schottlands und Englands gegeben, wobei England das Territorium zu erobern oder den Thron Schottlands zu besetzen versuchte.[40] Und Schottland erwiderte diesen Kampf auch.

In der zweiten Hälfte des 12. Jahrhunderts wurde Schottland auf den Status eines Vasallenkönigreichs Englands herabgestuft. Im Jahr 1296 musste Schottland den König von England als „overlord" (Souverän) anerkennen. Doch es gab auch Widerstand und Erhebungen. Es wird über zwei schottische Unabhängigkeitskriege berichtet, die im Jahr 1357 mit einem Vertrag ihr Ende fanden, durch den Schottland seine Unabhängigkeit wiedererlangte.

In den darauf folgenden Jahrhunderten wurden die beiden Königtümer nach einer wechselvollen Geschichte von Kriegen und Schlachten sowie einem Wettstreit um die Thronfolge Schottlands und Englands im Jahr 1707 durch den *Act of Union* vereint, durch den das Königreich Großbritannien entstand.

Diesmal willigten die Schotten – wenigstens die große Mehrheit der herrschenden Klassen – aus wirtschaftlichen Gründen mit Freude

[39] https://en.wikipedia.org/wiki/Catalonia#Independence_movement (aufgerufen am 31.7.2024).

[40] Zur Geschichte Schottlands vgl.: https://de.wikipedia.org/wiki/Geschichte_Schottlands; https://en.wikipedia.org/wiki/History_of_Scotland; https://en.wikipedia.org/wiki/Scottish_independence (aufgerufen am 1.8.2024).

in den Verlust ihrer Souveränität ein: Gegen Ende des 17. Jahrhunderts verzeichnete Schottland einen Rückgang des Handels, machte vier Jahre schlechter Ernten durch (1695 bis 1699), die Hunger und Entvölkerung verursachten, und scheiterte katastrophal mit dem Versuch, im Isthmus von Panama eine schottische Kolonie zu errichten, weshalb die Investoren einschließlich der Mittelklasse Schottlands riesige Mengen an Geld verloren und das Königreich am Rande des Bankrotts stand. All das trug sich zu, als England dabei war, sich zu einer starken Imperialmacht zu entwickeln und von dieser Entwicklung durch eine Ausdehnung des Handels profitierte.

Die Einheit war für Schottland eine gute Entscheidung. Es verlor seine Unabhängigkeit, doch England rettete Schottland vor dem Bankrott, indem es die finanziellen Verpflichtungen, die aus dem gescheiterten Kolonieprojekt in Panama resultierten, übernahm. Die langfristigen Vorteile der Union für Schottland waren vielfältig: Als Teil einer Supermacht dieser Tage profitierte auch Schottland, das vormals ein armes Agrarland gewesen war, vom wachsenden Handel. Die Schotten wurden allgemein wohlhabender. Die Unterklasse, die früher vom Adel unterdrückt zu werden pflegte, konnte nun freier atmen. Und nicht zuletzt kam mit der Union der Geist der Aufklärung nach Schottland. Trotz all dieser Vorteile kam der Geist der Unabhängigkeit in den letzten Jahrzehnten in Schottland wieder zum Vorschein. Die Schotten bilden schließlich eine eigene ethnische Gruppe, haben eine eigene Geschichte und Schottisch ist eine eigene Sprache, wenn auch 98 % der Menschen in Schottland Englisch sprechen (30 % sprechen auch Schottisch).

Und wie es so oft der Fall ist, gab es auch einige unmittelbare wirtschaftliche Gründe für die Wiedergeburt der Unabhängigkeitsidee. Der Niedergang der Fischindustrie (zum Teil aufgrund der EU-Mitgliedschaft Großbritanniens) und die Deindustrialisierung am Beginn der Globalisierung spielten eine Rolle. Doch der wichtigste wirtschaftliche Faktor war die Entdeckung eines großen Ölfeldes in der Nordsee vor der schottischen Ostküste. 90 % des Ölfelds befänden sich auf schottischem Hoheitsgebiet, wenn Schottland ein unabhängiger Staat wäre. Doch so, wie die Dinge damals standen, flossen alle Einkünfte daraus ins Budget der Regierung Großbritanniens. Schottische nationalistische Politiker meinten, dies sei Schottlands Öl, und die Schotten würden der Einkünfte aus ihrem Wohlstand beraubt.

Sie mögen auch gedacht haben, dass nach dem Niedergang der Supermacht Großbritannien seit dem Ende des Zweiten Weltkriegs die wirtschaftlichen und anderen materiellen Vorteile der Union mit England, die sie einst genossen, auch ein unabhängiges Schottland mittels seiner EU-Mitgliedschaft haben könne.

Um eine lange Geschichte abzukürzen: Es entstand eine schottische Unabhängigkeitsbewegung, und im Jahr 2014 führte die schottische Regionalregierung mit Zustimmung der Regierung Großbritanniens eine Referendum zu dieser Frage unter den Einwohnern Schottlands durch. Doch eine Mehrheit von 55,3 % derer, die an der Abstimmung teilnahmen (84,6 % der registrierten Wahlberechtigten), sagte damals nein zur Unabhängigkeit.[41]

Das Bemühen um Unabhängigkeit ist jedoch nicht zu Ende. Nun, da Großbritannien die EU verlassen hat, teilt Schottland mit England viele Nachteile im internationalen Handel. Schottische Nationalisten fordern ein zweites Referendum zur Unabhängigkeit.

Die Tragödie Jugoslawiens

Der komplexeste Fall aller Separatismen war der Fall der ehemaligen Sozialistischen Bundesrepublik Jugoslawien. Dieses Land war auf den Ruinen zweier Reiche erbaut worden, die Ende des Ersten Weltkrieges untergingen: der Doppelmonarchie Österreich-Ungarn und des Osmanischen Reiches.

Das Herzstück dieser neuen Staatsschöpfung war Serbien. Dessen Laufbahn begann mit dem Fürstentum Serbien im frühen 19. Jahrhundert, das unter der Oberhoheit des Osmanischen Reiches stand. Im Prozess seines Niedergangs zog dieses im Jahr 1867 seine Truppen aus Belgrad ab. Seitdem war das Fürstentum faktisch unabhängig. Im Nachgang des russischen Sieges über die Osmanen (1878) erlangte Serbien die volle Unabhängigkeit, und im Jahr 1882 erhoben es die europäischen Mächte in den Rang eines Königtums.

In der Balkanregion hatte ein jedes der Völker, die später das Land namens Jugoslawien bilden sollten, zwei Identitäten. Die eine war ethnischer Natur. Alle verstanden sich als „Südslawen“. Jugoslawien heißt denn auch übersetzt Südslawien. Die andere war ethnisch-kultu-

[41] https://en.wikipedia.org/wiki/2014_Scottish_independence_referendum (aufgerufen am 1.8.2024).

reller Natur, deren Grundlage die Sprache ist. Je nach ihrer Muttersprache bezeichneten sich diese Völker auch als Serben, Kroaten, Slowenen, usw. Was noch verschlimmernd hinzukommt, ist, dass ein dritter Faktor, nämlich die Religionszugehörigkeit, die zweite Identität mitbestimmte. Kroaten und Slowenen waren größtenteils katholische Christen, die Serben orthodoxe Christen. Im Kosovo, das eine autonome Provinz innerhalb der serbischen Republik war, waren (und sind) etwa 95 % der Bevölkerung Muslime. In Nordmazedonien machen die Muslime etwa 32 % der Bevölkerung aus, die orthodoxen Christen 46 %.[42]

Ethnizität wurde in Verbindung mit der Religion ein starker Konfliktfaktor. Dies war insbesondere in Bosnien-Herzegowina der Fall. Dort war vor dem Ausbruch des Krieges fast die Hälfte der Bevölkerung (43,7 %) Bosniaken (Muslime), 31,4 % Serben (serbisch-orthodoxe Christen) und 17,3 % Kroaten (Katholiken).[43] Sie schreiben sogar in unterschiedlichen Alphabeten: lateinisch und kyrillisch (die Serben).[44]

In den guten alten Zeiten der Sozialistischen Bundesrepublik gelang es dem Staat und den Mitgliedern der kommunistischen Partei, die Bedeutung der Religion im gesellschaftlichen Leben herabzustufen. Doch als später der Zerfall der Republik begann, nahm die Religion als identitätsstiftender Faktor an Bedeutung zu. Ethnizität und Religion wurden zusammen ein starker Faktor des Konflikts. Kroatische und slowenische Katholiken standen christlich-orthodoxen Serben gegenüber. Im Kosovo widersetzten sich muslimische Kosovaren der Vor-

42 Zur zahlenmäßigen Verteilung auf Religionen und Konfessionen im Kosovo und Nordmazedonien vgl.: https://de.wikipedia.org/wiki/Kosovo#Religion und https://en.wikipedia.org/wiki/North_Macedonia#Religion (aufgerufen am 1.8. 2024).

43 https://de.wikipedia.org/wiki/Bosnienkrieg#Bevölkerungsstruktur (aufgerufen am 1.8.2024).

44 Serbisch wird in zwei Schriften geschrieben: lateinisch und kyrillisch. Das kyrillische Alphabet war der in der Verfassung der Republik Serbien festgelegte Standard seit dem Jahr 2006. Doch in Wirklichkeit schreiben alle Serben in zwei Schriften und Texte sowie Drucksachen sind manchmal in einer, manchmal in der anderen Schrift verfasst: https://www.grammatiken.de/serbische-grammatik-online-lernen/serbische-schrift-kyrillische-buchstaben-aehnlich-lateinisches-alphabet.aussprache-anders.php (aufgerufen am 1.8.2024).

herrschaft der Serben, während in der Krajina, einer Region in Kroatien, die serbische Mehrheit ihre Unabhängigkeit erklärte und vergebens versuchte, sich der Republik Serbien anzuschließen. In beiden Regionen begingen in den 1990er Jahren beide Seiten brutale Gewaltakte.

Die oben erwähnten Faktoren und ihre Verbindungen spielten natürlich eine sehr bedeutende Rolle sowohl bei der Gründung Jugoslawiens als auch in den Konflikten. Sie riefen im Allgemeinen starke Emotionen hervor, und deshalb wurde über sie am meisten gesprochen. Doch auch hier spielte wie immer der Faktor der wirtschaftlichen Interessen wahrscheinlich die wichtigste Rolle, wenn auch stillschweigend im Hintergrund.

Nach einer langen Zeitspanne starken Wirtschaftswachstums erlitt die jugoslawische Wirtschaft in den 1980er Jahren einen ernsthaften Rückschlag. Er war auf die beiden Ölpreisschocks der Jahre 1973 und 1980 zurückzuführen, die eine weltweite Wirtschaftskrise auslösten, unter der auch Jugoslawien litt.

Das Wirtschaftswachstum des Landes war von Auslandsschulden und Investitionen in exportorientierte Sektoren getragen, und es hing noch stärker von derselben Politik ab, als es galt, aus der Krise herauszukommen. Doch sie scheiterte. In den beiden Jahren 1989 und 1990 wurden mehr als 600.000 Arbeiter freigesetzt, und einer weiteren halben Million wurden keine Löhne gezahlt, um den Bankrott der Firmen zu verhindern. Mehr als tausend Unternehmen wurden liquidiert.[45] All das passierte in einem angeblich sozialistischen Land unter der Herrschaft einer kommunistischen Partei, was zuvor unvorstellbar gewesen war. Die vereinte Republik der Südslawen begann auseinanderzufallen.

Misha Glenny, ein Journalist und berühmter Jugoslawien-Experte dieser Tage, berichtete das Folgende aus einem Gespräch mit dem Wirtschaftsprofessor Mate Babic von der Universität Zagreb, der früher auch Vizepremierminister Kroatiens war:

> Jugoslawien […] wurde in der Folge des Zweiten Weltkrieges gegründet, und zwar als politischer Imperativ ohne Rücksicht auf die wirtschaftlichen Bedürfnisse der Region. In der kommunistischen Föderation der Nachkriegszeit konnte das Ungleichgewicht zwischen

[45] https://en.wikipedia.org/wiki/Yugoslavia#Ethnic_tensions_and_economic_crisis (aufgerufen am 1.8.2024).

> slowenischer Zivilisiertheit und dem Entwicklungsland-Status im Kosovo nur durch massive staatliche Kontrolle über die Wirtschaft korrigiert werden. Dies schuf Ressentiments im wohlhabenden Norden, dessen Früchte der Produktivität ins staubige Klima des Südens geschafft wurden, wo sie in der Sonne verdarben. Noch dazu bildete sich ein tiefes Misstrauen zwischen Slowenien sowie Kroatien, wo eine eifrigere Arbeitsmoral Tradition hatte, und Serbien, dem Grenzgebiet zu den korrupten Wertmaßstäben des Osmanischen Reiches. Auf Gedeih und Verderb mit der serbischen Wirtschaft verbunden zu sein, die anscheinend mit Lotusblättern angetrieben wird, beinhaltete eine schädliche Langzeitwirkung auf die Wirtschaft in Slowenien und Kroatien. Als sich der politische Zerfall in Jugoslawien in den Republiken beschleunigte, sorgten die wirtschaftlichen Spannungen dafür, dass sich das Misstrauen noch vertiefte. (Glenny 1993, 107)

Der „politische Imperativ" hatte in dem Wunsch kroatischer und slowenischer Nationalisten des frühen 20. Jahrhunderts bestanden, sich von der österreichisch-ungarischen sowie italienischen Vorherrschaft zu befreien, indem man sich mit den anderen Südslawen, insbesondere den Serben, vereint.

Internationale kollektive Identitäten

Frausein als kollektive Identität

Frauen haben überall die Tatsache zur Kenntnis genommen, dass der *durchschnittliche Mann* ihres Kollektivs größer, muskulöser, physisch stärker und deshalb geeigneter ist, körperlich schwere Arbeit zu verrichten als die *durchschnittliche Frau*. Deshalb akzeptierten sie oder fanden sich vielmehr damit ab, dass den Männern eine natürliche Führungsrolle bei der Jagd, im Krieg und damit auch in allen gesellschaftlichen Frage zukommt – auch deshalb, weil sie selbst fast dauernd mit Schwangerschaft und Aufzucht der Kinder beschäftigt waren. Anthropologen mögen Beweise für ein Matriarchat in einigen antiken Gesellschaften gefunden haben, doch das Patriarchat war die Norm.

Mit dem Entstehen der modernen industriellen Zivilisation nahm die Bedeutung von Muskelkraft und der Fähigkeit, harte Arbeit zu verrichten, ab. Parallel dazu verminderte sich auch für Frauen die Last vieler Schwangerschaften und der Sorge um die Kinder. Das ermöglichte es Frauen, Dinge zu tun, die bis dahin fast ausschließlich Männersache waren: das Feld zu pflügen, in die Fabrik oder ins Büro zu gehen, um für sich selbst und/oder die Familie Geld zu verdienen. Frauen wurde auch ein Hochschulstudium an der Universität möglich, sie konnten Forschung betreiben, ein Geschäft eröffnen, ja sogar der Armee beitreten. Das war möglich, weil Intelligenz und intellektuelle Fähigkeiten im Gegensatz zur Körpergröße zwischen Männern und Frauen gleich verteilt sind.

Dieser kulturelle Wandel löste einen anderen aus: Frauen akzeptierten weder die vorherrschende Stellung der Männer in der Gesellschaft noch das herrscherliche Gehabe der Ehemänner und Väter in der Familie als natürlich. Die Frauenbewegung war geboren. Doch sie entstand hauptsächlich in reichen Ländern, in denen Frauen recht leicht für sich selbst sorgen konnten und in denen ein Sozialsystem mit entsprechenden finanziellen Leistungen existierte.

Das Entstehen der Frauenbewegung ist also eine Begleiterscheinung der technologischen Entwicklung und der damit einhergehenden sozioökonomischen und kulturellen Entwicklungen. In unterentwickelten Ländern ist sie lediglich auf die höheren Ränge der Gesellschaft beschränkt.

In hoch entwickelten Ländern führte die Emanzipation der Frauen zu einer Konfliktsituation zwischen Männern und Frauen wie zwischen zwei Gruppen unterschiedlicher kollektiver Identität. Die Zahl der Scheidungen begann in die Höhe zu schnellen. Die Zahl der Geburten pro Frau (Fertilitätsrate) begann zu sinken. Ein Kind zu haben wurde als Armutsfaktor diskutiert. In vielen reichen Ländern begann der Staat, Kindergeld zu zahlen. In Deutschland las ich einmal einen Bericht, der zehn kinderlose junge Frauen aufführte, die sagten, sie wollten ein Kind haben, könnten aber keinen Partner finden, der für eine Vaterschaft bereit wäre. Heute werden solche Gesellschaften zu „alternden Gesellschaften“. Industriebranchen fehlt es an ausgebildeten jungen Arbeitern.

All das zusammengenommen sollte als ein Konflikt zwischen dem Wunsch nach individueller Freiheit, nach einem von den eigenen Interessen und Ambitionen bestimmten Leben und den Erfordernissen der Gesellschaft als ganzer betrachtet werden. Wer wird in Zukunft arbeiten, um unsere Renten zu bezahlen? Das ist eine große Sorge der älteren

Generationen. Doch die Frauenbefreiungsbewegung insgesamt fördert und unterstützt ein solches individualistisches Konzept der Emanzipation vom Patriarchat.

Dies wurde jedoch von sozialistischen feministischen Frauen kritisiert, die darauf beharren, dass die Emanzipation der Frau niemals vollständig sein kann, solange die Gesellschaft sich nicht vom Kapitalismus emanzipiert, denn der Kapitalismus ist patriarchalisch.

Heute kämpfen Frauen nicht nur individuell um angesehene und/oder höher bezahlte Jobs in der Politik, in der Verwaltung und in der Wirtschaft. Sehr oft erheben sie als eine *Gruppe kollektiver Identität* Forderungen. In vielen Ländern klagen Frauen eine bestimmte *Frauenquote* für solche Stellen ein. In Deutschland zum Beispiel wird eine Frauenquote im höheren Management großer Konzerne gefordert. Insbesondere in der Politik wurde es sehr leicht, diese Forderung durchzusetzen, da alle Parteien auch um die weibliche Wählerschaft werben, die die Hälfte des Wahlvolks ausmacht. Solche Dinge sorgen natürlich für böses Blut im Verhältnis der beiden Geschlechter.

Das Frausein als kollektive Identität könnte und sollte *logischerweise* die Frauen aller Länder umfassen. Logischerweise hätte es analog zur sozialistischen und kommunistischen Internationale der Arbeiterbewegung eine feministische Fraueninternationale geben sollen. Doch es gab keine und es gibt sie bis heute nicht. Es gibt lediglich den Slogan „in Schwesternschaft“ und dieser Slogan ist ebenso nichtssagend wie „Arbeiter aller Länder, vereinigt euch“.

Schwarzsein als kollektive Identität

Die Vorfahren jener Schwarzen, die heute in der westlichen Hemisphäre leben, waren entführt und als Sklaven zu den Plantagen der Weißen verschleppt worden. Doch selbst heute, lange Zeit nach der Befreiung ihrer Großeltern und Urgroßeltern aus der Sklaverei, ist der gesellschaftliche und wirtschaftliche Status der Schwarzen in den USA und einigen lateinamerikanischen Ländern wie Brasilien, wo die Weißen herrschen, faktisch der von Bürgern zweiter Klasse. Auch wenn einige Schwarze aus diesen Ländern die sozioökonomische Leiter emporklettern konnten, bleiben sie insgesamt die Unterklasse. In den USA töten die Polizei und andere Sicherheitsorgane schwarze Bürger regelmäßig lediglich aufgrund irgendeines Verdachts und kommen dabei oftmals davon. Nicht einmal ein schwarzer Professor kann sich des Verdachts erwehren, ein Einbrecher zu sein, wenn er sein Haus in einer Professorensiedlung auf dem Campus einer Universität durch den Seiteneingang betritt (Im Fernsehen sah ich einen entsprechenden Bericht über einen solchen Zwischenfall).

Die Schwarzen versuchten, eine solche gesellschaftliche Stellung mittels verschiedener politischer Aktionen wie Demonstrationen und Slogans wie „Black is beautiful" und „Black lives matter" zu überwinden. Viele versuchten, durch die Bekehrung zum Islam eine neue Identität anzunehmen, und bildeten eine *Nation des Islam*. Einige andere versuchten dasselbe durch die Gründung einer neuen Religion namens Rastafari[46] und verehrten den ehemaligen Kaiser von Äthiopien, Haile Selassie, als lebendigen Gott und Messias. Oder sie gründeten eine militante politische Gruppe namens *Black Panthers*. All das half nicht viel. Außer auf den Gebieten Sport und moderne Musik konnten sie in ihrer Mehrheit nicht mit den Weißen gleichgestellt werden.

Worum es hier geht, ist, dass sich die Schwarzen in diesen Ländern selbst als eine *Gruppe kollektiver Identität* verstehen und auch als solche betrachtet werden – als benachteiligte Minderheit, die man vorwärtsbringen muss, die besonderer Aufmerksamkeit bedarf und die nach „affirmativem Handeln" verlangt.

Die Schwarzen in den USA mögen einen Sonderfall darstellen. Doch die Vorfahren der Schwarzen in den afrikanischen Staaten südlich der Sahara waren keine Sklaven. Sie litten natürlich unter der europäischen Kolonialherrschaft, teilweise auch unter der arabischen Herrschaft in Nordafrika. Doch nachdem im Jahr 1960 die Unabhängigkeit errungen war, hatten sie ihre eigenen schwarzen Anführer und Chefs. Doch auf der internationalen Bühne (insbesondere im Europa dieser Zeit) sah man auf sie und das ganze Volk wegen des endlosen Zustroms illegaler und unwillkommener Migranten herab.

[46] Die Hauptmerkmale dieses Glaubens sind die Anerkennung Haile Selassies als die Reinkarnation des Messias und Lebendigen Gottes auf Erden sowie die Ablehnung des westlichen politischen Systems (welches Babylon oder Babylon-System genannt und als korrupt und diskriminierend angesehen wird). Die Gefolgsleute dieses Glaubens kämpfen auch für gleiche Rechte für die Schwarzen. Vgl. dazu: https://de.wikipedia.org/wiki/Rastafari#Bewegung (aufgerufen am 2.8.2024).

In den Zielländern Europas, in die die Immigranten einströmten, hat die Mehrheit der einheimischen Bevölkerung das Gefühl, von einer unbewaffneten Armee illegaler Immigranten überrannt zu werden, gegen die sie sich selbst verteidigen müssen, ohne zu wissen, wie.

Als ich im Jahr 1964 als Student nach Deutschland kam, erlebte ich eine ähnliche herablassende Haltung den Indern gegenüber, denn Indien war damals als ein bitter armes, von Hunger heimgesuchtes Land bekannt. Oft musste ich den Satz hören: „Warum esst ihr Inder nicht das Fleisch der auf den Straßen herumstreunenden Kühe?“ Oder ich wurde gefragt: „Habt ihr Inder und Pakistani nichts Besseres zu tun als Krieg zu führen?“ Weder Inder noch Pakistani sind im Durchschnitt schwarz, sie sind braun. Und es gab damals auch keinen Zustrom illegaler Einwanderer aus Südasien nach Europa. Eine solche Erfahrung führte mich zu meiner bereits erwähnten These, dass ein Fremder in Europa oder den USA gemäß dem Pro-Kopf-BIP seines Heimatlandes behandelt wird.

Schlussfolgerungen

Voraussetzungen für den Frieden

In seinem Buch *A Study of War* bot Quincy Wright eine Art Zusammenfassung der Zivilisationsgeschichte. Er schreibt:

> Aus den kriegerischen Völkern erwuchs die Zivilisation, während die friedlichen Sammler und Jäger in die letzten Winkel der Erde vertrieben wurden, wo sie nach und nach ausgerottet oder aufgesogen werden, und es bleibt ihnen lediglich die zweifelhafte Befriedigung, beobachten zu können, wie die Nationen, die sich so wirkungsvoll des Krieges bedient hatten, um sie zu vernichten und groß zu werden, nun zum Opfer ihres eigenen Instruments werden. (Zit. nach Wilson 1979, 112)

Doch das sind die Fakten. Wir leben alle in der Zivilisation, selbst die meisten der Stammesvölker der Welt.

Vor dem Hintergrund all dieses Wissens über Kriege und Konflikte, wie ich es in diesem Buch dargestellt habe, können wir nun über die Bedingungen für den Frieden in der Welt reden.

Allgemein können wir sagen, dass wirtschaftliche Interessen der stärkste, wenn auch nicht der einzige Faktor in der Geschichte von Konflikten und Kriegen zwischen Menschen und Gruppen von Menschen gewesen sind. Der Wille zu überleben und seine eigenen wirtschaftlichen und anderen mit dem Überleben zusammenhängenden materiellen Interessen zu verfolgen (d. h. Egoismus), wurde in unserer charakterlichen Verfasstheit grundgelegt, als wir uns aus Spezies von Affen entwickelten. Das sagt uns die Evolutionstheorie. Doch das war kein absolut dominierender Charakterzug, zumindest nicht in allen Situationen. Primatenforscher, die Charaktereigenschaften von Schimpansen, unseren nächsten Verwandten aus dem Tierreich, untersucht haben, sind zu einer Schlussfolgerung gelangt, die mit der Alltagsbeobachtung von uns Menschen übereinstimmt und die gewöhnliche

Menschen nachvollziehen können. Der berühmte Primatenforscher Frans de Waal schreibt:

> Sowohl Menschen als auch Schimpansen verhalten sich gegenüber Mitgliedern ihrer eigenen Gruppe sanftmütig oder zumindest zurückhaltend, beide können jedoch Fremden gegenüber zu Monstern werden. Ich vereinfache natürlich, denn Schimpansen können auch Mitglieder ihrer eigenen Gemeinschaft töten, genau wie Menschen. Aber es wird grundsätzlich ein Unterschied zwischen der eigenen und der anderen Gruppe gemacht, wenn es um Liebe und Hass geht. (De Waal 2015, 189)

Wenn es um Liebe und Hass geht, können machtvolle Emotionen hervorgerufen werden, und Konflikte mit Außenstehenden können zu Gewalt, ja sogar Krieg führen. Doch die Grenzen zwischen denen, die zu einer Gruppe gehören (auch Identitätsgruppe genannt), und den entsprechenden außenstehenden Gruppen waren im Lauf der Geschichte nie beständig.

In Anspielung auf das biblische Gebot „Du sollst nicht töten" schreibt Irenäus Eibl-Eibesfeld:

> Die interessante Frage ist jedoch, ob wir uns allein verstandesmäßig zu diesem Gesetz bekennen oder ob wir darüber hinaus auch angeborenen Neigungen folgen. Sollte Letzteres zutreffen, dann wird unsere Hoffnung auf ein friedliches Zusammenleben sicher besser begründet sein, als wenn uns nur Zwang und reine Vernunft zur Gesetzestreue bringen. (Eibl-Eibesfeld 1970, 113)

De Waal meint, dass wir Grund zu dieser Hoffnung haben. Selbst Laien wissen und können es beobachten, dass wir Menschen wie die Tiere einige genetisch ererbte Schranken haben, die die Aggression kontrollieren. Insbesondere haben wir eine Hemmung, Mitglieder unserer Gruppe zu töten. Mehr solcher angeborener Tendenzen können bei unseren nächsten Verwandten, den Schimpansen, beobachtet werden. De Waal fand heraus, dass die Schimpansen mit uns Menschen Charakterzüge gemeinsam haben wie etwa Großzügigkeit und auch ein moralisches Empfinden. In seinen Büchern (1997, 2011, 2015) schreibt er, dass die menschlichen Charakterzüge Empathie, Freundlichkeit, Hilfsbereitschaft, Solidarität und Kooperation auch angeboren sein müssen, denn sie sind keine Alleinstellungsmerkmale des Menschen, sondern auch bei Affen vorhanden.

Auch Eibl-Eibesfeld, der wie Konrad Lorenz an das Vorhandensein eines angeborenen Aggressionstriebs beim Menschen glaubt, kann nicht als völliger Pessimist betrachtet werden. Ich möchte hier wiederholen, was ich bereits weiter oben zitiert habe:

> Das uns Angeborene legt uns nicht fest. Wir sind in der Lage, unsere Natur durch unsere Kultur zu beherrschen. Allerdings müssen wir zunächst einmal über uns selbst Bescheid wissen. Entscheidend ist, dass wir Menschen als erste Geschöpfe in der Lage sind, uns Ziele zu setzen und damit unserem Leben auch einen Sinn zu erteilen. Wir steigen damit nicht aus der Natur aus, aber wir begeben uns aktiv in neue Situationen, in denen neue Selektionsbedingungen auf uns einwirken. (Eibl-Eibesfeld 1990, 81)

Aus diesem Zitat geht nicht klar hervor, wie die neuen Selektionsbedingungen Eibl-Eibesfeld zufolge auf uns einwirken. Werden sie in gewohnter Weise nach Art der biologischen Evolution wirken? Das heißt durch genetische Mutation und Selektion dieser Mutanten, die am besten an die neuen Erfordernisse der veränderten Situation angepasst sind?

Ian Morris, ein berühmter Historiker auf dem Gebiet der Großgeschichte, akzeptiert natürlich die These der Verhaltensforschung vom Vorhandensein einer angeborenen Aggression im Menschen, aber anders als Eibl-Eibesfeld meint er nicht, dass die Annahme einer besonderen Fähigkeit zu radikalen kulturellen Anpassungen an neue Situationen nötig ist, um die Hoffnung zu hegen, dass in näherer Zukunft, sagen wir in den nächsten dreißig bis vierzig Jahren, Frieden möglich sein wird (Morris 2013).

Morris meint: Wenn der Krieg auch schrecklich ist, so haben die Kriege der Vergangenheit insgesamt auch sowohl technischen als auch politischen Fortschritt bewirkt, wenn auch unbeabsichtigt. Dinge, die man als Waffen erfand und/oder weiterentwickelte, um einen Vorteil im Krieg zu erringen, haben sich hinterher auch als nützlich für das zivile Leben erwiesen. Früher oder später haben alle Völker dieser Welt die Erfindungen nachgeahmt. So kam ein Wettstreit um immer bessere Erfindungen und Erneuerungen zwischen rivalisierenden Mächten zustande, der den technischen Fortschritt für die ganze menschliche Zivilisation vorantrieb.

Nach jedem Krieg machte ein stets wachsender Handel zwischen den früheren verfeindeten Ländern im Frieden beide Gesellschaften reicher. Und der Handel erforderte bessere Gesetze und eine bessere Ordnung, eine bessere Verwaltung und viele andere bessere Institutionen. Selbst wenn ein Volk besiegt und in das Königtum oder Reich der Sieger integriert wurde, trugen auch die besiegten und unterworfenen Menschen zur Macht der Sieger bei, und deshalb mussten ihnen auch die Vorteile eines Lebens in einem großen und starken Staat bzw. Reich zuteilwerden.

Dieser Essay ist nicht der richtige Ort für eine detaillierte Auseinandersetzung mit Morris' diesbezüglichem Buch (Morris 2013). Es sei nur so viel gesagt: Morris meint, dass die horrenden Kosten eines Krieges und die großen Vorteile eines friedlichen Zusammenlebens so offensichtlich auf der Hand liegen, dass Krieg führen bald als ein Anachronismus gelten und der Vergangenheit angehören wird.

Es ist hier auch nicht Platz genug für eine detaillierte Kritik all dessen, was Morris für seine These anführt. Ich will hier nur deren *grundlegenden Fehler* ansprechen. Morris ist zu seiner Schlussfolgerung aufgrund des Studiums der Entwicklung der menschlichen Zivilisation in den letzten Jahrhunderten gelangt. Und er nimmt an, dass sich unsere Zivilisation in vorhersehbarer Zukunft im selben Sinne und in dieselbe Richtung weiterentwickelt. Er nimmt eine Fortschreibung des Wirtschaftswachstums und unaufhaltsamen politischen Fortschritt an. Seine Hoffnung (wenn man so will: seine Prognose) auf eine friedliche Welt in naher Zukunft hängt völlig von diesen zwei Grundannahmen ab. Sein Buch erschien im Jahr 2013.

Derselbe Denkfehler liegt der Erwartung einer „demografischen Dividende“ in bestimmten neu entstehenden Entwicklungsländern wie Indien zugrunde, wo das Bevölkerungswachstum in den letzten Jahrzehnten weitergegangen ist. Ich erinnere mich, solche Reden selbst von führenden indischen Politikern gehört zu haben. Die Überlegung war: Eine Fülle von billigen Arbeitskräften trägt zur industriellen Entwicklung von bis dahin unterentwickelten Ländern bei.

Doch der berühmte Bericht des Club of Rome *Die Grenzen des Wachstums* erschien bereits im Jahr 1972 (Meadows 1972). Diese Möglichkeit, nämlich dass es Grenzen des Wachstums gibt, kann nicht ignoriert werden. Schließlich sind alle wesentlichen nicht erneuerbaren Ressourcen, die unsere Zivilisation braucht, inklusive kultivierbares Land, begrenzt, und es wird immer schwieriger und immer teurer, sie zu erschließen. Auch die Fähigkeit der Natur, die vom Menschen produzierte Verschmutzung zu absorbieren, ist begrenzt. Ansonsten bestünde überhaupt keine Notwendigkeit, so schrille Alarmrufe auszustoßen, wie wir sie nun bereits seit vielen Jahren vernehmen. Parallel dazu wächst die menschliche Bevölkerung kontinuierlich, wenn auch etwas langsamer als früher.

Im oben wiedergegebenen Zitat gibt Eibl-Eibesfeld keinen Hinweis darauf, an welche „neuen Situationen“ er denkt. Soweit ich sehen kann, werden das die katastrophalen Folgen des Klimawandels und anderer globaler und lokaler Umweltschäden sein. Sie verursachen bereits eine nicht gewünschte Einwanderung aus überbevölkerten Ländern in die reichen Länder in großem Stil. Technologische Lösungen solcher Probleme werden zunehmend schwierig, wenn nicht unmöglich. Das ist eine völlig neue politische und wirtschaftliche Situation.

Denker wie De Waal und Eibl-Eibesfeld haben anscheinend über die Probleme von Krieg und Frieden losgelöst von jedem umfassenderen Kontext nachgedacht. Sie dachten darüber natürlich im Zusammenhang mit den Ergebnissen ihrer eigenen wissenschaftlichen Disziplinen über die menschliche und tierische Natur nach. Doch wie Morris scheinen sie von der Annahme ausgegangen zu sein, dass die anderen Gebiete des menschlichen Lebens, andere Dinge und Entwicklungen mehr oder weniger dieselben bleiben werden. Oder wenn Veränderungen stattfinden, dann würde die Richtung, in der sie verlaufen, dieselbe bleiben. Das heißt, es würde sogar besser werden und aufwärts gehen. Sie bemerkten anscheinend nicht, dass auf dem Gebiet der Wirtschaft, der Politik und der gesellschaftlichen Bedingungen und den damit verbundenen Denkströmungen massive Veränderungen stattgefunden haben, die einen Wechsel vom bislang geltenden Wachstumsparadigma hin zu dem notwendig machen, was ich das Paradigma der Grenzen des Wachstums nenne (Sarkar 2023b, 28).

Denker, die diesen Paradigmenwechsel ernsthaft akzeptiert haben, wissen bereits um die Möglichkeit eines weltweiten wirtschaftlichen, politischen und gesellschaftlichen Kollaps. Sie schreiben Bücher über Themen, die man in ihrer Gesamtheit als Kollapsologie bezeichnen könnte.

Nehmen wir nun an, dass die führenden Persönlichkeiten der Welt in einer solchen neuen Situation in der Lage sind und die Kraft haben, die richtigen Entscheidungen zu treffen und die richtigen kurz-, mittel- und langfristigen Ziele für die Welt als ganze und ihre jeweiligen eigenen Länder zu setzen. Soweit ich vernünftigerweise sehen kann, müssten diese Entscheidungen solcherart sein, dass sie einen weltweiten wirtschaftlichen Schrumpfungsprozess, ein *degrowth*, wie man heute sagt, einleiten. Die Menschheit muss diese Ziele akzeptieren und sich selbst an alles anpassen, was sich aus der Verfolgung einer entsprechenden Politik ergibt. Dies wäre ein Bündel von radikalen kulturellen, wirtschaftlichen und politischen Veränderungen. Sie würden sich nicht als ein allmählicher, jahrtausendelanger Prozess spontaner genetischer Mutation und Selektion vollziehen. Und wenn die nötigen Veränderungen nicht sehr bald stattfinden, versinkt die Welt in einem globalen Chaos mit Dutzenden, wenn nicht Hunderten Kriegen niedriger Intensität (*low intensity warfare*), Bürgerkriegen und großen wie kleinen Konflikten. Die Kriege und Auseinandersetzungen der Zukunft würden nicht geführt werden, um Reiche zu errichten, sondern um „unser" Land zu verteidigen oder um vom Land der „anderen" und von den Minen Besitz zu ergreifen, die wertvolle Mineralien enthalten. Jetzt schon können wir sehen, wie vielerorts Mauern und Zäune zwischen souveränen Ländern und Territorien errichtet werden. In den Kriegen in Palästina und Israel ging es immer um Landbesitz. Ähnlich war dies in Ruanda der Fall (Diessenbacher 1998). Und in der Westsahara bilden die Phosphatvorkommen den Zankapfel.

Doch wissenschaftsgläubige Leute mögen fragen: Können wir nicht die Gentechnik anwenden, um das Problem des Friedens ein für allemal zu lösen? Der Militärhistoriker John Keegan versuchte sich eine biologisch-evolutionäre Lösung des Problems der angeborenen Aggression vorzustellen, die zu häufigen Kriegen und anderen Gewalttaten führt. Er schreibt:

> Eine erfolgreiche Anpassung durch Mutation ist, wie auch immer die Mutation entstehen mag, eine Reaktion auf die *Bedingungen der Umwelt*. Obwohl die neue Wissenschaft der Gentechnik es vielleicht ermöglicht, bei Erbanlagen gezielt „Punktmutationen" oder „Genmutationen" hervorzurufen und auf diese Weise Geschöpfe ohne jegliche Aggression zu züchten, wäre es für deren Überleben not-

> wendig, sie unter Bedingungen zu halten, in denen es für sie keinerlei Bedrohung gibt. Solche Bedingungen gibt es in der natürlichen Umwelt aber nicht, und sie lassen sich auch nicht erzeugen. Selbst wenn eine völlig aggressionsfreie Menschenrasse entstünde, sähe sie sich nach wie vor genötigt zu töten: außer den niederen Organismen, die Krankheiten verursachen, die Insekten und Kleinlebewesen, in denen diese sich aufhalten, aber auch die größeren Tiere, die mit dem Menschen um die Pflanzen konkurrieren, von denen er sich ernährt. Man kann sich schwer vorstellen, wie Geschöpfe, die zu keinerlei aggressiver Reaktion imstande sind, ihre Umwelt kontrollieren könnten. (Keegan 1995, 133-134; Hervorhebung S. S.)

Die Aussichten auf Frieden sind sehr schwach geworden. Eine lange Periode von (gewaltsamen) Konflikten und der gesellschaftliche Zusammenbruch in einem Land nach dem anderen zeichnen sich ab. Wenn wir es überhaupt wagen sollten, auf eine friedliche Welt zu setzen, dann sollte diese – so will mir scheinen – zeitlich nach einer langen Periode des Zusammenbruchs angesiedelt sein, in dessen Verlauf die Weltbevölkerung drastisch abnimmt. Wir wissen bereits genug über die Faktoren von Kriegen und Konflikten. Dieses Wissen muss bloß verbreitet werden.

Wenn Leute in Regierungsverantwortung bereits vorher etwas für den Frieden tun wollen, können sie eine *Politik der Geburtenkontrolle* in Ländern voranbringen, in denen die Bevölkerung immer noch wächst. Eine nicht wachsende Bevölkerung würde unmittelbar dazu führen, dass die Verfügbarkeit aller Konsumgüter pro Kopf zunimmt. Und dies würde zugleich die Schärfe der anderen Konfliktursachen wie Arbeitslosigkeit und illegale Einwanderung mildern. De Waal schreibt:

> Wir wissen, dass Bonobos heute in einem nahrungsreicheren Habitat leben als Schimpansen, was es gemischten Gruppen von männlichen und weiblichen Bonobos ermöglicht, sich gemeinsam ihr Fressen zu suchen. Das erlaubt einen stärkeren sozialen Zusammenhalt als bei Schimpansen, die sich bei ihrer Nahrungssuche in kleine Grüppchen aufspalten. Die „Schwesternschaft" unter nicht verwandten weiblichen Individuen, die für die Bonobogesellschaft typisch ist, wäre ohne verlässliche, reiche Nahrungsquellen nicht möglich. (De Waal 2015, 311)

Was noch getan werden müsste, aber sehr schwer zu tun ist, wäre dafür zu sorgen, dass sich die jungen Leute den Gedanken aus dem Kopf schlagen, es sei die Aufgabe ihrer Regierungen und politischen Parteien, sie immer wohlhabender und glücklicher zu machen. Die erste Aufgabe heutiger Regierungen ist es, die Umwelt für das Leben allgemein, auch das Leben der Tiere, zu retten. Doch um irgendeinen Erfolg in dieser Richtung zu erringen, muss ein gewisses Maß an Gleichheit ein zentraler Bestandteil der Politik werden.

Wenn kulturell führende Persönlichkeiten einer Gesellschaft etwas in Richtung Frieden beitragen wollen, es wagen und versuchen, können sie mit allen nicht aggressiven, nicht beleidigenden und nicht provokativen Mitteln versuchen, die Bedeutung der religiösen oder ähnlichen Identität eines Menschen zu verkleinern. Was in dieser Hinsicht genau getan werden sollte und könnte, muss an anderer Stelle diskutiert werden.

„… den Krieg gründlich verlernen“

Bruno Kern

Es dürfte sich inzwischen herumgesprochen haben, dass der Fortbestand der menschlichen Zivilisation heute angesichts der multiplen ökologischen Krisen höchst gefährdet ist. Um ihres Überlebens willen müsste die Menschheit alle materiellen, finanziellen und personellen Ressourcen auf die Bewältigung ihrer ökologischen Krise konzentrieren. Zumindest in den Industrieländern bedeutet ökologische Transformation nicht einfach Umbau der Industriegesellschaft. Vor allem angesichts des sehr begrenzten Potenzials erneuerbarer Energien muss dieser Umbau zwangsläufig mit einem drastischen und raschen *industriellen Rückbau* einhergehen (dazu näher Kern 2024). Erneuerbare Energien können das, was uns bislang die fossilen Quellen bereitstellen, allenfalls zu einem Bruchteil substituieren. Die Herausforderung besteht darin, eine solidarische Gesellschaft auf einer deutlich schmaleren materiellen Basis aufzubauen. Wer in dieser Situation meint, überhaupt noch Waffen produzieren, Militärstrukturen aufrechterhalten und Kriege führen zu können, hat in den Untergang der Spezies bereits eingewilligt. Die ehemalige Bundestagsvizepräsidentin und evangelische Theologin Dr. Antje Vollmer hat ihr politisches Testament genau in diesem Sinne mit folgenden Sätzen beschlossen:

> Der Hass und die Bereitschaft zum Krieg und zur Feindbildproduktion sind tief verwurzelt in der Menschheit, gerade in Zeiten großer Krisen und existenzieller Ängste. Heute aber gilt: Wer die Welt wirklich retten will, diesen kostbaren einzigartigen wunderbaren Planeten, der muss den Hass und den Krieg gründlich verlernen. Wir haben nur diese eine Zukunftsoption. (Vollmer 2024, 20)

Das Militär – der größte Klimasünder?

Krieg und Militär seien, so kann man es immer wieder vor allem von friedenspolitischen Organisationen hören, die größten Verursacher von Treibhausgasen und Umweltzerstörung. Insinuiert wird mit solchen vereinfachenden Slogans natürlich, dass allein Abrüstung und Entmilitarisierung zugleich auch das größte derzeitige Menschheitsrisiko, die Klimakatastrophe, beseitigen könnten. Indirekt wird damit kleingeredet, vor welch tiefgreifender gesellschaftlicher Transformation wir stehen und wie sehr alle unsere Lebensbereiche davon betroffen sein werden. Wie so oft sind auch hier die Zusammenhänge nicht so schlicht, wie man es gern hätte.

Welchen direkten Einfluss haben Rüstung, Militär und Krieg tatsächlich auf das Klima? Das genau zu beziffern ist kaum möglich: Die internationalen Klimakonventionen klammern diesen Bereich völlig aus, sehen weder Emissionsziele noch Berichtspflichten hierfür vor. Dasselbe gilt für nationale Klimaschutzberichte. Die energieintensive Produktion der Rüstungsfirmen unterliegt keiner umfassenden Rechenschaftspflicht. Dennoch lassen sich aus den vorliegenden Teilstudien seriöse Schätzungen ableiten. Der derzeitige UN-Generalsekretär António Guterres hat immer wieder öffentlich geäußert, dass Rüstung und Militär für etwa 5 bis 6 % der Treibhausgase weltweit verantwortlich seien. Legt man das zugrunde, worüber uns Einzeluntersuchungen Aufschluss geben, dann dürfte er mit dieser Einschätzung einigermaßen richtig liegen.

Neta Crawford von der Boston University errechnet zum Beispiel, dass allein die Einsätze des US-Militärs im Jahr 2017 59 Mio. Tonnen CO_2 verursachten. Rechnet man die Emissionen der Rüstungsindustrie dazu, so kommt man für den Zeitraum 2011 bis 2017 auf einen Durchschnittswert von 153 Mio. Tonnen im Jahr (Andres 2020). Stuart Parkinson von der US-amerikanischen Organisation *Scientists for Global Responsibility* (SGR) hingegen beziffert die CO_2-Emissionen des US-Militärs aufgrund akribischer Recherchen auf 250 Mio. Tonnen (hier sind die etwa 800 Militärbasen, die die USA weltweit unterhalten, einbezogen), die Großbritanniens auf immerhin noch elf Mio. Tonnen.[1]

[1] https://umwelt-militaer.org/militaer-klimawandel-cop26/ (aufgerufen am 7. 4. 2022).

Diese Schätzungen scheinen mir von eher konservativen Annahmen auszugehen. So ist z.B. nicht ganz klar, inwieweit der Rohstoffabbau und seine ökologischen Folgen berücksichtigt sind. So verbraucht die Produktion eines Panzers nicht nur große Mengen an Stahl, sondern darüber hinaus seltene Erden für die Radarsysteme, Funkgeräte und manche Munitionsarten, Lithium, Kobalt und Nickel für Batterien, usw.[2] Der ökologische Fußabdruck des Übungsbetriebs wird an folgenden Daten anschaulich: Ein Eurofighter emittiert pro Flugstunde etwa elf Tonnen CO_2-Äquivalente, und der deutsche Panzer Leopard 2 verbraucht 400 Liter Diesel pro 100 km. Die ökologischen Folgen der Zerstörungen im Krieg und des notwendigen Wiederaufbaus sind kaum zu ermessen (Schweitzer 2023, 5-6).

5 bis 6 % der Treibhausgasemissionen: Ist dies in Bezug auf die Klimakatastrophe nun eine eher zu vernachlässigende Größenordnung? Keineswegs! Wäre das Militär ein Land, dann wäre es nach den USA, China und Indien der viertgrößte Emittent. Und: Wir haben inzwischen gar kein „Restbudget“ mehr und müssten streng genommen mit dem auskommen, was uns gegenwärtig an CO_2-neutralen oder zumindest hinreichend CO_2-armen Quellen zur Verfügung steht. Vor dem Hintergrund der verzweifelten Lage, in der wir uns inzwischen befinden,

[2] Das scheint mir auch auf die für Deutschland und die NATO verfügbaren Daten zu gelten, deren Erhebung auf Hochrechnungen und Schätzungen angewiesen ist. Eine Studie im Auftrag der Linksfraktion im EU-Parlament errechnete für die deutschen Rüstungsbetriebe Emissionen von mehr als 3,4 Mio. Tonnen CO_2 jährlich (vgl. Waack 2022). Ein länderübergreifendes Bündnis mehrerer Organisationen (aus Deutschland etwa IPPNW und die Internationalen Ärzte für die Verhütung des Atomkriegs) erstellte im Jahr 2023 eine Studie unter dem Titel *Climate Crossfire*, derzufolge die NATO-Länder allein durch ihre Armeen und ihre Infrastruktur etwa 200 Mio. Tonnen an CO_2-Emissionen zu verantworten haben. Aufgrund der aktuellen Aufrüstungspläne werden sich die Emissionen auf etwa 300 Mio. Tonnen erhöhen. Die vom deutschen Militär verursachten Emissionen werden von der Studie auf rund zehn Mio. Tonnen geschätzt. Die offiziellen Angaben des Verteidigungsministeriums liegen deutlich darunter (etwa 1,4 Mio. Tonnen im Jahr 2019), was unter anderem daran liegt, dass hier Auslandseinsätze nicht berücksichtigt sind. Aufgrund der derzeitigen Aufrüstungspläne erwartet die Studie für das Jahr 2028 15 Mio. Tonnen. Angesichts der Tatsache, dass nach Berechnungen des Bundesumweltamtes Deutschland sein selbstgesetztes Klimaziel (eine Reduktion von 65 % der Emissionen bis 2030) krachend verfehlen wird (je nach Szenario um 194 bis 331 Mio. Tonnen), ist das fatal (vgl. Schwarz 2023).

und der Notwendigkeit eines raschen und drastischen industriellen Rückbaus können wir uns dieses Ausmaß an Energie- und Ressourcenverschwendung nicht mehr leisten. *Wenn wir uns noch eine geringe Chance bewahren wollen, die Folgen des Klimawandels zu begrenzen und einzuhegen, müssen wir uns zugleich von jeder militärischen Logik verabschieden.*

Dazu kommt: Die immensen Rüstungsausgaben stehen natürlich in Konkurrenz zu den finanziellen Anstrengungen für den Aufbau der Infrastruktur einer dekarbonisierten Wirtschaft, für die soziale Abfederung der Transformation und für die Abmilderung von Folgen der Klimakatastrophe. Das renommierte Stockholmer Friedensforschungsinstitut SIPRI beziffert die weltweiten Rüstungsausgaben inzwischen auf deutlich mehr als 2 Billionen US-Dollar, mit steigender Tendenz. Die Tatsache, dass man in Deutschland im Gegenzug zu den absurden Aufrüstungsplänen den Entwicklungshilfeetat deutlich gekürzt hat, spricht wohl für sich.

Sicherheitsrisiko Klimakatastrophe

Ausgerechnet hochrangige Militärstrategen scheinen ein besonders geschärftes Bewusstsein dafür zu haben, welch hohes Sicherheitsrisiko die Klimakatastrophe darstellt. So bezeichnete der ehemalige US-Verteidigungsminister Chuck Hagel bereits im Jahr 2014 die Klimakatastrophe als „‚Bedrohungsmultiplikator‘ […], weil er das Potenzial hat, viele der Herausforderungen, mit denen wir bereits heute konfrontiert sind – von Infektionskrankheiten bis hin zu bewaffneten Aufständen –, zu verschärfen …“.[3] Inzwischen kann diese Aussage jeder einigermaßen aufmerksame Zeitungsleser nachvollziehen. Der Konflikt im Südsudan galt vielen als der „erste Klimakrieg“, und der grausame Bürgerkrieg in Syrien begann bekanntermaßen im Jahr 2011 mit zunächst friedlichen Protesten angesichts einer klimabedingten Dürre. Michael T. Klare, der weltweit renommierteste Analytiker des US-Militärs, verweist auf das erhebliche Risiko bevorstehender Kriege um die Ressource Wasser (etwa zwischen den Anrainern des Flusses Brahmaputra

[3] https://umwelt-militaer.org/militaer-klimawandel-cop26/ (aufgerufen am 7. 4. 2022).

Indien und China), auf die Klimakatastrophe als Fluchtursache und auf die Gefahr, dass im Zuge von massiven Umweltkatastrophen vermehrt „ungoverned spaces“, Regionen außerhalb jeder Regierungskontrolle, entstehen könnten, die ebenfalls ein erhebliches Sicherheitsrisiko darstellen. Ebenso macht er aber darauf aufmerksam, dass im Pentagon hochrangige Militärs die Aufgabe der Landesverteidigung angesichts der zu erwartenden Katastrophenszenarien für zunehmend unmöglich erachten (Klare 2019).

Für einiges Aufsehen sorgte der bereits im Jahr 2004 veröffentlichte *Yoda-Report*, der die damalige Bush-Administration (die den menschengemachten Klimawandel in Abrede stellte) in Verlegenheit brachte. Diese von Andrew Marshall (Spitzname „Yoda“ aufgrund seiner Beteiligung am Star-Wars-Programm) und Peter Schwarz für den Pentagon erstellte Studie bezeichnet die Klimakrise als größte Bedrohung der Sicherheit und entwirft ein apokalyptisch anmutendes Szenario, das aus heutiger Sicht als nur allzu realistisch erscheint. Unter dem Druck zusammenbrechender Nahrungsketten könnten, so die Studie, Länder mit labilen Regierungen wie Pakistan oder Russland versucht sein, im Kampf um Nahrung und Rohstoffe ihre Nuklearwaffen einzusetzen. Die Welt könnte innerhalb weniger Dekaden in Anarchie versinken (Spiegel online, 22. Februar 2004).

Zu all diesen Gefahren gesellen sich heute zusätzlich noch die erheblichen Risiken des sogenannten Geoengineerings, das heißt des Versuchs, mithilfe von großräumigen Eingriffen in sensible Ökosysteme (etwa der „Düngung“ der Ozeane mit Eisensulfat u. ä.) oder der Beeinflussung der Sonneneinstrahlung, etwa durch Einbringen von Aerosolen in die Atmosphäre) die Erderwärmung zu stoppen. Aufgrund der komplexen Wechselwirkungen handelt es sich um Großexperimente mit höchst ungewissem Ausgang, die im kleinen Maßstab kaum vorweggenommen werden können. Der Größenwahn technischer Machbarkeit, der sich dahinter verbirgt, blendet die erheblichen ökologischen und damit unmittelbar geopolitischen Risiken völlig aus. So ist damit zu rechnen, dass das „Dimmen“ der Sonneneinstrahlung die Niederschlagsmuster völlig durcheinanderbringen kann und dass bei Ausbleiben des Monsuns in Afrika und Asien mit Hungerepidemien zu rechnen ist.[4]

[4] Vgl. dazu die Zusammenfassung bei Kern 2024, 66-70; Schlemm 2023.

Eine konsequente, radikale Klimapolitik, zu der unbedingt auch eine Politik der Eindämmung des Bevölkerungswachstums gehört, ist angesichts solcher Szenarien die beste Friedenpolitik. Umgekehrt gilt aber auch: Die große Gefahr, dass Klimaveränderungen zu bewaffneten Konflikten bis hin zur nuklearen Eskalation führen können, macht *präventive Abrüstung* zum Gebot der Stunde.

Der Kampf um schwindende Ressourcen

Wir befinden uns in einer Zangengriffkrise: Zur abnehmenden Tragfähigkeit unserer Ökosysteme und zur kaum mehr aufzuhaltenden Erderwärmung gesellt sich der rapide Schwund nicht erneuerbarer Ressourcen, allen voran fossiler Energien. Diese Ressourcenklemme behindert gleichzeitig den Ausbau einer Infrastruktur erneuerbarer Energien, der ja seinerseits zunächst auf einen erheblichen Energie-Input angewiesen ist. Wiederum sind es Militärs, die das große Sicherheitsrisiko erkannt haben, wenn wir, anstatt den industriellen Rückbau gezielt einzuleiten und solidarisch zu gestalten, den dann wahrscheinlichen Zusammenbruch der Ökonomie in Kauf nehmen. So heißt es etwa in einer sicherheitspolitischen Studie der Bundeswehr aus dem Jahr 2010:

> Der Peak Oil kann dramatische Konsequenzen für die Weltwirtschaft haben. Das Ausmaß dieser Konsequenzen wird sich – nicht nur, aber eben auch – durch einen Rückgang des Wachstums der Weltwirtschaft messen lassen. […] Ein ökonomischer Tipping Point besteht dort, wo – zum Beispiel infolge des Peaks – die Weltwirtschaft auf unbestimmte Zeit schrumpft. In diesem Fall wäre eine Kettenreaktion die Folge, die das Wirtschaftssystem destabilisiert. […] Mittelfristig bricht [sic!] das globale Wirtschaftssystem und jede marktwirtschaftlich organisierte Volkswirtschaft zusammen […] Eine auf unbestimmte Zeit schrumpfende Wirtschaftsleistung stellt einen höchst instabilen Zustand dar, der unumgänglich in einem Systemkollaps endet. Die Sicherheitsrisiken einer solchen Entwicklung sind nicht abzuschätzen … (Zentrum für Transformation der Bundeswehr 2010, 47-50)

Mehr als 80 % der Primärenergie weltweit stammen immer noch aus fossilen Quellen, und es ist überhaupt nicht absehbar, wie sie jemals durch erneuerbare Energien ersetzt werden könnten. Der durchaus beeindruckende Zubau erneuerbarer Energien konnte bislang allenfalls den steigenden Energieverbrauch insgesamt kompensieren. Der erwartbare rapide Schwund dieser fossilen Quellen wird zwangsläufig zu schweren ökonomischen und politischen Krisen führen, die unmittelbar militärische Konflikte heraufbeschwören können. Der „Peak“, also der Scheitelpunkt der konventionellen Erdölförderung ist inzwischen längst überschritten. Nicht nur die Energy Watch Group Germany, sondern inzwischen auch die Internationale Energieagentur und andere datieren dieses Fördermaximum auf das Jahr 2006 zurück (Minqi Li 2008, 149; Hänggi 2011, 199). Eine Fülle anderer Daten untermauert diese Annahme. Darüber kann auch der nun bereits etliche Jahre anhaltende Fracking-Boom in den USA nicht hinwegtäuschen, im Gegenteil: Im Grunde ist dieser verzweifelte Versuch, mit großem finanziellen und energetischen Aufwand und unter Inkaufnahme von großen Umweltschäden im Gestein abgelagertes Öl und Gas mithilfe eines Chemiecocktails herauszusprengen, die Bestätigung dafür, dass diese Ressource nun zur Neige geht. Seinen Anfang nahm dieser Fracking-Boom übrigens im Jahr 2005, als ein Gesetz der US-Administration Öl- und Gasbohrungen von den Auflagen des Trinkwasserschutzes befreite. Bei der Erschließung unkonventioneller Quellen, etwa der kanadischen Ölsande und des Schieferöls, ist es fraglich, wie hoch der Nettoenergieoutput noch ist, wenn man den energetischen Aufwand der Erschließung, der Aufbereitung, den Transport, usw. in die Bilanz mit einbezieht – von den verheerenden Umweltschäden (z.B. Verseuchung des Grundwassers) ganz zu schweigen.

Inzwischen geht selbst die IEA davon aus, dass der auf die Ausbeutung unkonventioneller Quellen (vor allem Schieferöl) zurückzuführende Boom der US-Produktion zwischen 2025 und 2030 seinen Höhepunkt überschreitet (Alexander/Floyd 2020, 51). Ein recht kurzes Strohfeuer war es also, das uns über die Endlichkeit dieser Ressource eine Zeit lang hinwegtäuschen konnte. Mit diesem absehbaren Ende des Fracking-Booms in den USA sind erhebliche unmittelbare Risiken für die Weltwirtschaft verbunden: Die USA würden wieder zu einem der großen Importeure fossiler Energie, der Wachstumseinbruch könnte unmittelbar zu einer neuerlichen weltweiten Finanzkrise führen, die

Konkurrenz um fossile Ressourcen unter den Großabnehmern würde sich verschärfen …

Auch die anderen wesentlichen fossilen Energiequellen (Erdgas, Kohle) gehen schneller zur Neige, als man noch vor einigen Jahren annehmen durfte. Die Energy Watch Group Germany geht etwa davon aus, dass bei Erdgas ab 2035 eine längere Phase der Stagnation des Fördervolumens zu erwarten ist, bis dann im Jahr 2045 die Fördermenge rapide abnimmt (Minqi Li 2008, 148ff.). Die Peak-Oil-Studiengruppe ASPO erwartete das Fördermaximum für Europa für den Zeitraum 2010 bis 2015 und den globalen Peak beim Gas für 2030 (Hänggi 2011, 205). Die ab 2022 spürbar gewordene Knappheit ist also nicht einfach auf singuläre weltpolitische Ereignisse zurückzuführen, sondern vor diesem allgemeinen Hintergrund zu sehen. Sie wird spätestens mit dem in einigen Jahren zu erwartenden Ende des Fracking-Booms erneut virulent. Als „Brückentechnologie“ für die Energiewende ist also auch diese Ressource nicht sehr aussichtsreich. Selbst bei Kohle ist ab dem Jahr 2035 mit einem steilen Abfall der Förderung zu rechnen. Das Fördermaximum aller fossilen Energieträger zusammengenommen wird von unterschiedlichen Analytikern für das Jahr 2025 prognostiziert (Minqi Li 2008, 148ff.; Alexander/Floyd 2020, 64).

Vor dem Hintergrund der sich verschärfenden Knappheit, die demnächst sichtbar werden wird, sind die existierenden militärstrategischen Konzepte angsteinflößend. Die Konkurrenz um die schwindenden fossilen Ressourcen ist spätestens seit Beginn unseres Jahrhunderts eine treibende Kraft der Geopolitik. Bereits im Jahr 1980 formulierte der damalige US-Präsident in einer Rede zur Lage der Nation (deren entscheidende Abschnitte vermutlich von seinem Sicherheitsberater Zbigniew Brzesiński stammen) jene Sätze, die später als „Carter-Doktrin“ bezeichnet wurden:

> Unsere Position ist eindeutig: Jeder Versuch einer auswärtigen Macht, die Kontrolle über den persischen Golf zu erlangen, wird als Angriff auf die lebenswichtigen Interessen der Vereinigten Staaten von Amerika betrachtet; jeder Angriff dieser Art wird mit allen notwendigen Mitteln, einschließlich militärischen, zurückgeschlagen werden. (zit. nach Bardi ^{2}2013, 148)

Die hier geäußerte entschlossene Absicht, die Kontrolle über die Ressourcen des Mittleren Ostens militärisch abzusichern, wurde in den darauf folgenden Jahrzehnten mit den beiden Irak-Kriegen eindrucksvoll bestätigt.

Der nach dem damaligen US-Vizepräsidenten so genannte *Cheney-Report* vom Mai 2001 (vgl. dazu Zumach 2005, 100-113) ging davon aus, dass bei Erdöl und Erdgas der Peak um 2008 zu erwarten sei, was zu einem weltweiten Verteilungskampf führen könnte, in dem vor allem Indien und China gefährlich werden könnten. Der Zugang zu weltweiten Ölquellen wird als integraler Bestandteil der US-Militär- und Außenpolitik definiert. Dabei wird das Streben nach Versorgungssicherheit immer konfliktträchtiger. Die Interessen der Großverbraucher (EU, China, Indien, Japan, USA) treffen vor allem in Zentralasien und am Kaspischen Meer zusammen. Für die EU und insbesondere Deutschland waren bis vor kurzem überdies die russischen Gasreserven von Bedeutung, die allerdings ihr Fördermaximum ohnehin bereits überschritten haben dürften.

Auch die NATO hat spätestens mit ihrer neuen Doktrin anlässlich ihres fünfzigjährigen Bestehens ihr Verständnis von „Verteidigung“ im konventionellen Sinn hintangestellt und sich zu einem Instrument der militärischen Durchsetzung ökonomischer Interessen, genauer der Sicherung von Handelswegen und des Zugangs zu Rohstoffen, entwickelt. Insbesondere die USA drängten auf die strategische Orientierung auf mögliche Krisen in der Golfregion und in der Straße von Taiwan. Mit der Selbstmandatierung der NATO für Einsätze außerhalb ihres Bündnisgebietes hat sich das Bündnis von völkerrechtlichen Vorgaben verabschiedet. Die Orientierung hin auf die militärische Absicherung ökonomischer Handels- und Rohstoffinteressen wurde seither regelmäßig in den „Strategischen Konzepten“ bestätigt: Im entsprechenden Konzept aus dem Jahr 2010 heißt es etwa: „Alle Länder sind zunehmend auf die lebenswichtigen Kommunikations-, Transport- und Transitwege angewiesen, auf die sich der Welthandel, die Energiesicherheit und der Wohlstand stützen. […] Einige NATO-Staaten werden, was ihren Energiebedarf angeht, immer stärker von ausländischen Energieversorgern und in einigen Fällen von ausländischen Energieversorgungs- und Verteilernetzen abhängig. Da ein immer größerer Teil des weltweiten Verbrauchs rund um den Globus transportiert wird, ist die Energieversorgung immer störungsanfälliger.“ Deshalb, so die Konsequenz, müsse die NATO „die Fähigkeit entwickeln, zur Energiesicherheit beizutragen, auch durch den Schutz kritischer Energieinfrastruktur und von Transitgebieten und -routen“.[5]

Es sei daran erinnert, dass sich seinerzeit der deutsche Bundespräsident Horst Köhler aufgrund heftiger öffentlicher Kritik zum Rücktritt veranlasst sah: Er hatte schlicht das ausgesprochen und als „selbstverständlich“ affirmiert, was jeder nachlesen konnte: dass sich die NATO als militärisches Bündnis der Sicherung der Grundlagen unseres „Wohlstands“ versteht.

Die geopolitische Konkurrenz um weltweite Einflusssphären und deren Rohstoffbasis bildet auch den entscheidenden Hintergrund des Krieges, der Anfang 2022 von Russland gegen die Ukraine entfesselt wurde. Paul Wolfowitz, einer der einflussreichsten Ideologen der sogenannten „Neocons“ in den USA und ehemaliger Direktor der Weltbank, formulierte bereits in den Neunzigerjahren:

> Es ist unser vorrangiges Ziel, auf dem Territorium der ehemaligen Sowjetunion oder woanders das Wiedererstarken eines neuen Rivalen zu verhindern, der eine Gefahr darstellen könnte, wie es die Sowjetunion getan hat. Dies ist eine der neuen regionalen Verteidigungsstrategie zugrunde liegende Überlegung, die alles erfordert, um eine feindliche Macht daran zu hindern, eine Region zu beherrschen, deren Ressourcen unter konsolidierter Kontrolle genügen würden, eine Weltmacht hervorzubringen. (zit. nach Drewermann 2017, 107)

Vor dem Hintergrund dieser Aussage kann man das Narrativ eines „russischen Imperialismus“, dem Einhalt geboten werden müsse, leicht als Projektion der eigenen Absichten entlarven. Aus heutiger Sicht liest sich dieses Zitat wie die Regieanweisung für die kommenden Ereignisse: die NATO-Osterweiterung um 1500 km, die Errichtung einer Kette von Militärbasen an der Südflanke Russlands von der Ukraine und Georgien bis nach Kirgistan und Kasachstan an der chinesischen Grenze, die Verletzung der NATO-Russland-Grundakte durch die NATO (die eine Stationierung schwerer Waffen an Russlands Grenzen ausschloss), die einseitige Aufkündigung des INF-Vertrags (Russland bot ein bilaterales Ersatzabkommen an, worauf man nicht einging, und

[5] www.ag-friedensforschung.de/themen/NATO/strat/strat-konzept-2010.html (aufgerufen am 7.7.2022).

zudem Inspektionen, um den Vorwurf zu entkräften, Russland habe zuerst gegen den Vertrag verstoßen, worauf man ebenfalls nicht einging) und des ABM-Vertrags vonseiten der USA, nachdem man ihn bereits vorher durch die Stationierung entsprechender Waffensysteme in Polen und Rumänien gebrochen hatte, der Versuch der Integration der Ukraine in die eigene Einflusssphäre durch Unterstützung eines ultranationalistischen Putsches[6], die konsequente Ablehnung bzw. Ignorierung aller Gesprächs- und Verhandlungsangebote Russlands vor und während des Ukrainekrieges (was übrigens ebenfalls einen Völkerrechtsbruch darstellt[7], da die UN-Charta alle Beteiligten zur Ausschöpfung der Möglichkeiten einer friedlichen Konfliktbeilegung verpflichtet), der Versuch, Russlands atomare Zweitschlagsfähigkeit auszuschalten, zuletzt durch Angriffe auf atomare Frühwarnsysteme und durch die Absicht, Marschflugkörper und Mittelstreckenraketen mit extrem kurzen Vorwarnzeiten in Mitteleuropa zu stationieren … (vgl. hierzu vor allem Abelow 2023).

Dass all dies von der anderen Seite unmittelbar als Bedrohung wahrgenommen werden muss (worauf nicht zuletzt hochrangige Diplomaten der USA beharrlich hinwiesen), leuchtet ein. Dass eine pazifistische Position wie die meine auch eine solche Bedrohung keineswegs als Rechtfertigung für eine Kriegshandlung akzeptiert, sollte hinreichend klar sein. Russlands Angriff war nicht alternativlos. Doch jede ernstgemeinte Friedenspolitik hat in ihr eigenes Kalkül mit einzubeziehen, was die andere Seite als Bedrohung wahrnehmen könnte, und ihr Handeln danach auszurichten. In diesem Sinne verdient die Äußerung Präsident Putins durchaus Beachtung:

> Die Flugzeit von Marschflugkörpern „Tomahawk“ nach Moskau beträgt weniger als 35 Minuten, für ballistische Raketen aus dem

[6] Fest steht jedenfalls, dass zur Unterstützung der den Putsch tragenden Organisationen insgesamt 5 Mrd. Dollar geflossen sind, und vor allem, dass das US-Außenministerium bereits einen Monat vor dem Sturz eines demokratisch gewählten ukrainischen Präsidenten nach einer Alternative zu ihm suchte (Abelow 2023, 18).

[7] Vor dem Angriff auf die Ukraine formulierte Russland folgende Forderungen: 1. Garantie einer Neutralität der Ukraine; 2. Rückkehr zum Minsker Abkommen; 3. Rückkehr zur NATO-Russland-Grundakte; 4. Abzug der in Europa stationierten US-amerikanischen Atomwaffen. Auf keine dieser Forderungen ging man ein (Abelow 2023, bes. 61-69).

> Raum Charkow sieben bis acht Minuten und für die Hyperschall-Schlagmittel vier bis fünf Minuten. Das bezeichnet man als „das Messer am Hals“. (Böhme 2022, 67f.)

Auch die EU bereitet sich seit Langem schon auf Kriege um Ressourcen vor. Bereits im Jahr 2004 hat das ISS (Institute for Security Studies) im Auftrag des EU-Rates ein Strategiepapier, das *European Defense Paper*, vorgelegt, das konkrete militärische Planspiele zur Rohstoffsicherung enthält. Der „Stabilitätsexport zum Schutz der Handelswege und des freien Flusses von Rohstoffen“ wird darin als ein „vitales Interesse“ der EU und als eines der wichtigsten Ziele von Militärinterventionen definiert. Die EU, so die Verfasser des Papiers, müsse „Regionalkriege zur Verteidigung europäischer Interessen“ führen. „Humanitäre Interventionen“ seien auf bis zu 5000 km um die Hauptstadt Brüssel zu beschränken. Allerdings: Innerhalb dieses Radius befinden sich sämtliche Ölstaaten des Nahen und Mittleren Ostens sowie die Öl- und Gasfelder am Kaspischen Meer (Zumach 2005, 132-138).

Bestätigt wurde dieser Kurs in jüngerer Zeit auf einer Konferenz des ISS zusammen mit dem Europäischen Auswärtigen Dienst (EAD) im Dezember 2021. Der Klimawandel wurde hier unter anderem unter dem Gesichtspunkt des Zugangs zu Ressourcen debattiert. Bereits 2019 erörterten die EU-Verteidigungsminister den „geostrategischen Wettbewerb um Ressourcen und Seewege“ in einer künftig vom Eis befreiten Arktis.[8]

Ein neuer (Öko-)Imperialismus?

Der schwierige Transformationsprozess hin zu einer Ökonomie auf der Basis erneuerbarer Energien verschärft allerdings die Kriegsgefahr aufgrund der Konkurrenz um Rohstoffe erheblich. Die Umstellung auf CO_2-freie Verfahren und der Ausbau erneuerbarer Energien ist nicht zuletzt mit einem Bedarf an knappen Rohstoffen verbunden: Neodym (für die Generatoren von Windrädern), Graphit, Kobalt und Lithium für Batterien … Bereits jetzt spielt das Militär in vielen Regionen der Welt eine wichtige Rolle zur Absicherung von Bergbau- und anderen Infra-

[8] www.german-foreign-policy.com/news/detail/8818/ (aufgerufen am 7.4.2022).

strukturprojekten, wenn diese auf den Widerstand der lokalen Bevölkerung stoßen. Gerade der Rohstoffbedarf für eine dekarbonisierte Ökonomie könnte diese Tendenz noch verstärken, wenn etwa die Lithium-Gewinnung lokal zu akutem Wassermangel führt. Es eröffnet sich damit aber auch ein neues Feld der Konkurrenz der Großverbraucher. Dass China sich einen großen Teil der Kontrolle über sehr knappe, aber künftig essenzielle Rohstoffe wie Lithium gesichert hat, ist inzwischen bekannt. Genau vor diesem Hintergrund sind die wachsenden Spannungen zwischen der Volksrepublik China einerseits und den USA sowie der EU andererseits zu sehen. In einem Veranstaltungsprospekt der *Vereinigung Deutscher Wissenschaftler* (VDW) heißt es in diesem Sinne:

> Der Ausstieg aus den fossilen Energieträgern ist klimapolitisch überfällig. Das aktive Phase-out des fossilen Erdöls erfordert zugleich einen Einstieg, ein aktives Phase-in von noch mehr Metallen. […] Erdöl war immer mit geo- und sicherheitspolitischen Fragen verbunden. […] Der Zugriff auf Erze und Metalle ist ebenfalls mit Machtfragen und damit mit Geopolitik verbunden. Der sich anbahnende Kampf um die Vormachtstellung zwischen den USA und China gibt dazu einen Vorgeschmack. (zit. bei Wolf 2020, 9)

Während Metalle wie etwa Eisen oder Bauxit (Aluminium) unproblematisch sind, weil sie in ausreichender Menge und leicht abbaubar in der Erdkruste vorhanden sind, ist die Situation hinsichtlich anderer Metalle äußerst prekär. Die künftige Knappheit macht sich teilweise bereits bemerkbar. Daten des *US Geological Survey* (vgl. Minqi Li 2008, 164) zeigen, dass zum Beispiel für Kupfer, Zink, Platin, Cadmium, Zinn, Chrom, Molybdän und Nickel der „Peak“ in den nächsten drei Jahrzehnten erreicht sein wird. Die Knappheit betrifft aber auch Metalle und sog. „seltene Erden“, die gerade für die Umstellung auf erneuerbare Energien wesentlich sind und teilweise als nicht oder nur sehr schwer substituierbar gelten (Cadmium und Neodym im Bereich der Solar- und Windenergie, Lithium für Elektromotoren, Platin für Brennstoffzellen…). Im Zuge der Dekarbonisierung ist in diesem Bereich mit einer Vervielfachung des Verbrauchs um einen zweistelligen Faktor zu rechnen (Kern 2024, 104-105).

Die EU hat deshalb 34 Rohstoffe zu „kritischen“ bzw. „strategischen“ erklärt, darunter Kupfer, Nickel, Kobalt, Lithium, Graphit,

Bauxit und Seltene Erden (insgesamt 17 Metalle). Letztere werden fast zu 100% aus China importiert. Insgesamt befinden sich 97% der aktiven Minen und 48% der bekannten Reserven in China. Dies ist der eigentliche Hintergrund für die Verschärfung der Spannungen zwischen den USA, der NATO und der Volksrepublik China. China hat bereits im Jahr 2010 anlässlich eines Zwischenfalls mit einem chinesischen Fischerboot klar gemacht, wie sehr es sich der Bedeutung seiner Rohstoffe als strategischer Waffe bewusst ist. Die Lieferung Seltener Erden an Japan wurde kurzzeitig eingestellt. Nach einem Lieferstopp würde unsere Produktion binnen weniger Wochen zum Stillstand kommen. China könnte die westlichen Industrien in einem Handelskrieg binnen kürzester Zeit lahmlegen. Die meisten Länder verfügen nicht einmal über Notreserven.

Darüber hinaus investiert China viel im Ausland (Afrika und Lateinamerika) in den Bergbau, sichert sich Schürfrechte, investiert in Infrastruktur (Belt-and-Road-Initiative, auch bekannt unter der Bezeichnung „neue Seidenstraße“).

China ist Akkumulationszentrum des globalen Kapitals geworden. 2023 stand China etwa für 18,5% des Weltsozialprodukts und ein Viertel der Industrieproduktion (inkl. Bausektor). Chinesische Energie-, Bau- und Hightechkonzerne gehören in den jeweiligen Branchen zu den größten der Welt. China ist längst nicht mehr die „Werkbank“, sondern vielmehr ein Technologieführer der Welt. Die nach Bilanzsumme vier größten Banken der Welt sind in chinesischem Besitz. Die immense Auslandsverschuldung der USA, die überhaupt nur aufgrund der in Bretton Woods konstruierten Weltwirtschaftsordnung mit dem Dollar als Weltleitwährung durchhaltbar ist, ist vor allem auf den Gläubiger China angewiesen (Brand/Wissen 2024, 144-150). Die Tatsache, dass die gemischte, autoritär gelenkte Wirtschaft Chinas das Land zum Sieger in einem Globalisierungsprozess gemacht hat, den gerade die USA und die EU brutal vorangetrieben haben, und die Tatsache, dass die Hegemonie der USA schon lange keine ökonomische Grundlage mehr hat und sich fast nur noch auf die militärische Vorherrschaft (mit mehr als 800 Militärbasen weltweit) stützen kann, wird bei uns ideologisch zu Weltmachtambitionen einer brutalen chinesischen Diktatur umgedeutet.

Die USA verstärken zurzeit ihre Militärbasen im West- und Ostpazifik. Es wird vermutet, dass man damit die Bedingungen für eine mögliche Seeblockade Chinas schaffen will. Auch Ursula von der Leyen meinte mit Blick auf China, die EU müsse die „Sprache der Macht neu erlernen“ (zit. bei Brand/Wissen 2024, 148).

„Grüner Wasserstoff“ könnte in naher Zukunft ein zentrales internationales Konfliktfeld eröffnen. Sowohl die EU-Wasserstoffstrategie als auch die entsprechende deutsche sehen Importe in großen Mengen vor. Neben Saudi-Arabien, Russland, der Ukraine, Chile, Island und Australien spielen hierfür vor allem Marokko sowie ganz Westafrika aufgrund seiner großen Potenziale von Sonne- und Windenergie eine große Rolle. Das inzwischen gescheiterte Desertec-Projekt in der Sahara, ein Parabolrinnenkraftwerk, das mit einem kaum vorstellbaren Materialinput lediglich 15% des Strombedarfs der EU decken sollte (s. Kern 2020, 75), lässt erahnen, dass die entsprechenden Potenziale wahrscheinlich deutlich überschätzt werden. Dazu kommt, dass der Effizienzgrad je nach Nutzung sehr niedrig ist (s. Kern 2024, 38-40). Vor allem aber braucht man für die Erzeugung von grünem Wasserstoff nicht nur entsprechend viel Energie aus erneuerbaren Quellen, sondern große Mengen an Süßwasser (die Entsalzung von Meerwasser würde die Energiebilanz zusätzlich verschlechtern), das gerade in den afrikanischen Ländern, die über viel Sonne und Wind verfügen, ein sehr knappes Gut ist! Marokko und die westafrikanischen Gebiete südlich der Sahara leiden unter einer mehr als dreißig Jahre anhaltenden Trockenperiode. Wasser ist vor allem in Form einer fossilen Ressource als Grundwasser verfügbar. Die entsprechende Nutzung für die Wasserstofferzeugung steht in direkter Konkurrenz zum Wasserbedarf für Landwirtschaft und Begrünung. Die Ressourcen, auf die die Verbraucher hier zugreifen wollen, um ihr Niveau an Industrialisierung aufrechtzuerhalten, sind also so knapp, dass harte Konkurrenzkämpfe zu befürchten sind, die in kriegerische Auseinandersetzungen münden könnten. Der starke Einfluss Chinas auf dem afrikanischen Kontinent und immer noch Frankreichs in Westafrika aufgrund seiner kolonialen Vergangenheit bergen ein erhebliches Konfliktpotenzial.

Soziale Verteidigung als Alternative

Das Völkerrecht anerkennt das Recht auf militärische Verteidigung im Fall eines Angriffskriegs.[9] Jenseits dieser juristischen Ebene aber ist die Frage nach Rationalität und ethischer Verantwortbarkeit einer solchen militärischen Verteidigung zu stellen. Angesichts des heutigen Potenzials an Destruktivkraft auch bereits unterhalb der Schwelle von Massenvernichtungswaffen und der zu erwartenden Opfer an Menschenleben und angesichts der Gefahr einer atomaren Eskalation ist auch militärische „Verteidigung" keine sinnvolle und verantwortbare Option mehr. Die Alternative ist aber keineswegs Wehrlosigkeit bzw. „Unterwerfung" – wenn auch angesichts der Opfer an Menschenleben Kapitulation allemal die rationalere Wahl sein kann. Die Friedensforschung hat bereits in den Fünfzigerjahren das Konzept der Sozialen Verteidigung entwickelt. Es geht davon aus, dass ein Aggressor nicht einfach ein Territorium besetzen will, sondern danach vor allem die Bevölkerung eines Landes kontrollieren muss. Genau hier eröffnen sich zahlreiche Möglichkeiten der Nichtkooperation mit dem Aggressor, der Verweigerung, des zivilen Ungehorsams, von Generalstreiks, etc., die letztlich die gewaltsame Besetzung eines Landes für den Aggressor unattraktiv machen. Es gibt zahlreiche historische Beispiele für den Erfolg dieser gewaltfreien Strategie, vom Kapp-Putsch in Deutschland im Jahr 1920 bis hin zum Sturz des philippinischen Diktators Marcos in den Achtzigerjahren des letzten Jahrhunderts. Das letzte Beispiel zeigt allerdings auch, dass diese Strategie dann am meisten Erfolg verspricht, wenn ihr eine Phase der Einübung vorausgeht, was auf den Philippinen der Fall war. Natürlich ist sie mit keiner Erfolgsgarantie verbunden, aber das ist die hoch riskante militärische „Verteidigung" schließlich auch nicht. Das ethische Fundament der Sozialen Verteidigung ist die Unüberbietbarkeit jedes einzelnen Menschenlebens im Sinne Immanuel Kants. Keine Grenzverschiebung und kein geopolitischer Vorteil können das Opfer auch nur eines Menschen-

[9] Die UN-Charta verpflichtet allerdings im selben Atemzug alle Beteiligten zur Ausschöpfung aller Möglichkeiten der friedlichen Konfliktbeilegung im Vorfeld und zur möglichst raschen Beendigung nach Ausbruch eines Konflikts. Insofern ging dem Völkerrechtsbruch Russlands ein Völkerrechtsbruch der NATO voraus. Einen weiteren Völkerrechtsbruch stellte die Verhinderung des von Russland und der Ukraine parafierten Waffenstillstandsabkommens am 29. März 2022 dar.

lebens rechtfertigen. Wenn es einen universalen Wert gibt, der auf dem Boden der abendländischen Philosophie gewachsen ist, dann ist es wohl diese Unüberbietbarkeit eines jeden Einzelnen. Daran wird auch unmittelbar deutlich, dass ethische „Werte“ einer militärischen „Verteidigung“ von sich aus nicht fähig sind, weil im Zuge dessen diese Werte gerade zerstört anstatt bewahrt werden. „Unüberbietbarkeit jedes Menschenlebens“ hat auch zur Konsequenz, dass kein Staat sich das Recht anmaßen darf, seine Bürgerinnen und Bürger zum sterben oder töten zu veranlassen. Die Ächtung der Todesstrafe in den meisten zivilisierten Staaten entsprang genau diesem Bewusstsein, dass niemand endgültig über das Leben eines Menschen verfügen darf. Sozialer Vereidigung liegt auch das Bewusstsein zugrunde, dass militärische Gewalt niemals Recht begründen kann, völlig unabhängig davon, ob sich der formale Verteidiger oder der formale Aggressor durchsetzt. Diese ebenfalls der humanistischen und Aufklärungstradition Europas entsprungene Einsicht hat sich nicht zuletzt Papst Johannes XXIII. in seiner Enzyklika *Pacem in terris* zu eigen gemacht. Sie ist seitdem Bestandteil der Lehre der römisch-katholischen Kirche. Auch wer für eine militärische Antwort auf einen Aggressor plädiert, affirmiert damit letztlich das Recht des Stärkeren.

Angesichts des hohen Blutzolls und angesichts der Gefahr einer atomaren Vernichtung erweist sich jede militärische Antwort als „ultima irratio“. Wer sich in die militärische Logik hineinbegibt, kommt letztlich in ihr um. Ihr ist die Tendenz zur Eskalation innerlich eingeschrieben. Wer auf dem Recht auf militärische Vereidigung beharrt, wird konsequenterweise auch weitere Aufrüstung mit all ihren, nicht zuletzt ökologischen, Folgen akzeptieren müssen. Die einzig legitime militärische Intervention ist heute die militärische Sicherung von Fluchtkorridoren bei einem drohenden Genozid durch direkt der UNO unterstellte Truppen (also nicht wie bisher durch nationale Kontingente). Die Menschheit ist um ihres Überlebens willen darauf angewiesen, jegliche militärische Logik hinter sich zu lassen (vgl. Schweitzer 2010).

Unmittelbare politische Konsequenzen

- Voraussetzung für die Friedenssicherung ist eine konsequente Klimapolitik, die vor allem auf Suffizienz setzt und die den unausweichlichen *industriellen Rückbau* solidarisch und geplant gestaltet, anstatt einen Zusammenbruch der Ökonomie zu riskieren. Zugleich mit der Rücknahme des industriellen Wachstums ist auch eine Politik der Eindämmung des Bevölkerungswachstums voranzutreiben. Bereits der Bericht des Club of Rome hat gezeigt, dass dies die beiden Voraussetzungen für ein mögliches künftiges ökologisches Gleichgewicht sind.
- Die Bundesrepublik muss die NATO, deren Zweck es nach eigenem ausdrücklichen Selbstverständnis ist, geopolitische Interessen militärisch durchzusetzen, verlassen und außenpolitisch auf deren Auflösung und Ersetzung durch andere kollektive Sicherheitssysteme hinwirken.
- Die Rüstungsproduktion ist vollständig einzustellen. Es ist an Absurdität kaum zu überbieten, sich mit einem erheblichen Ressourcenaufwand auf Kriege um knapper werdende Ressourcen vorzubereiten. Der Gesetzgeber hat es in der Hand, durch ein ausnahmsloses Exportverbot und die Einstellung der eigenen Beschaffung die Rüstungsproduktion zu beenden. Nach Möglichkeit sind Konversionskonzepte zu erarbeiten.
- Anzustreben ist eine Bundesrepublik ohne Armee, da im Zeitalter von Massenvernichtungswaffen militärische Verteidigung keine sinnvolle und verantwortbare Option mehr ist. Die frei werdenden menschlichen, technischen, materiellen und finanziellen Ressourcen werden dringend benötigt, um die ökologische Krise und deren Folgen zu bewältigen.
- Für die Erreichung dieser Ziele ist ein Zusammenschluss des pazifistischen Teils der Friedensbewegung mit dem radikalisierten, nicht bloß auf technische Lösungen fixierten Teil der Klimagerechtigkeitsbewegung nötig. Möglichst zu gewinnen sind progressive Teile der Zivilgesellschaft, progressive Teile von Kirchen und ArbeitnehmerInnenorganisationen, etc.

Literaturverzeichnis

Abelow, Benjamin (2022): Wie der Westen den Krieg in die Ukraine brachte. Die Rolle der USA und der NATO im Ukraine-Konflikt, Great Barrington.

Alexander, Samuel; Floyd, Joshua (2020): Das Ende der Kohlenstoff-Zivilisation. Wie wir mit weniger Energie leben können, München.

Andres, Jacqueline (2020): Krieg und Klima, in: IMI-Analyse 2020/34: www.imi-online.de/2020/07/21/krieg-und-klima/.

Barash, David (2023): Are We Hard-Wired for War?, in: New York Times, 28. 9. 2013.

Bardi, Ugo (2013): Der geplünderte Planet. Die Zukunft des Menschen im Zeitalter schwindender Ressourcen, München.

Blanqui, Adolphe (1971): Geschichte der politischen Ökonomie in Europa, Bd. 2, Glashütten.

Böhme, Rainer (2022): dgksp-Diskussionspapier, Dresden.

Brand, Ulrich; Wissen, Markus (2024): Kapitalismus am Limit. Öko-imperiale Spannungen, umkämpfte Krisenpolitik und solidarische Perspektiven, München.

Catton, William R. (1980): Overshoot – The Ecological Basis of Revolutionary Change, Illinois.

De Waal, Frans (1997): Der gute Affe. Der Ursprung von Recht und Unrecht bei Menschen und anderen Tieren, München.

De Waal, Frans (2011): Das Prinzip Empathie. Was wir von der Natur für eine bessere Gesellschaft lernen können, München.

De Waal, Frans (2015): Der Affe in uns. Warum wir sind, wie wir sind, 4. Aufl., München.

Diamond, Jared (1998): Arm und Reich. Die Schicksale menschlicher Gesellschaften, Frankfurt a. M.

Diamond, Jared (2006): Kollaps. Warum Gesellschaften überleben oder untergehen, Frankfurt a. M.

Diessenbacher, Hartmut (1998): Kriege der Zukunft. Die Bevölkerungsexplosion gefährdet den Frieden, München.

Drewermann, Eugen (2017): Von Krieg zu Frieden (Kapital & Christentum, Bd. 3), Ostfildern.

Eibl-Eibesfeld, Irenäus (1970): Liebe und Haß. Zur Naturgeschichte elementarer Verhaltensweisen, München.

Eibl-Eibesfeld, Irenäus (1975): Krieg und Frieden aus der Sicht der Verhaltensforschung, München.

Eibl-Eibesfeld, Irenäus (1990): Glaube als Offenbarungswissen und Zuversicht, in: Deschner, Karlheinz (Hg.), Woran ich glaube, Gütersloh, 79-82.

Einstein, Albert; Freud, Sigmund (1972): Warum Krieg?, Zürich.

Emcke, Carolin (2000): Kollektive Identitäten. Sozialphilosophische Grundlagen, Frankfurt a. M.

Frederickson, George M. (2002): Racism – A Short History, Princeton.

Freud, Sigmund (1975): Jenseits des Lustprinzips, in: Studienausgabe, Bd. III: Psychologie des Unbewussten, Frankfurt a. M., 213-272.

Fromm, Erich (1977): Anatomie der menschlichen Destruktivität, Reinbek.

Glenny, Misha (1993): Jugoslawien – Der Krieg, der nach Europa kam, München.

Gobain, Hirian (2018): An Open Letter to Indians: https://frontierweekly.com/articles/vol-51/51-7/51-7-An%20Open%201Letter%20to%20Indians.html (aufgerufen am 30.7.2024).

Hänggi, Marcel (2011): Ausgepowert. Das Ende des Ölzeitalters als Chance, Zürich.

Hänggi, Marcel (2018): Null Öl. Null Gas. Null Kohle. Wie Klimapolitik funktioniert, Zürich.

Houellebecq, Michel (2015): Unterwerfung, Köln.

Huntington, Samuel (2006): Who are we? Die Krise der amerikanischen Identität, München.

Kaiser, August (1973): Aggressivität als anthropologisches Problem, in: Plack, Arno (Hg.), Der Mythos vom Aggressionstrieb, München 1973, 43-67.

Keegan, John (1995): Die Kultur des Krieges, Berlin.

Keeley, Lawrence (1997): War Before Civilisation, New York.

Kern, Bruno (2020): Das Märchen vom grünen Wachstum. Plädoyer für eine solidarische und nachhaltige Gesellschaft, 2. Aufl., Zürich.

Kern, Bruno (2024): Industrielle Abrüstung jetzt! Abschied von den Technik-Illusionen, Marburg.

Klare, Michael T. (2019): How the Pentagon Thinks About the Climate Crisis. Professor and author Michael T. Klare explores how the U.S. Military is preparing for climate change in his new book „All Hell Breaking Loose“, in: Rolling Stone, September 2019: www.rollingstone.com/politics/politics-features/how-the-pentagon-thinks-about-the-climate-crisis-887832/ (aufgerufen am 7.4.2022).

Lorenz, Konrad (1963): Das sogenannte Böse. Zur Naturgeschichte der Aggression, Wien.

Malthus, Thomas R. (1977): Das Bevölkerungsgesetz (nach der ersten Auflage London 1798): München.

Meadows, Dennis (1972): Die Grenzen des Wachstums. Bericht des Club of Rome zur Lage der Menschheit, Stuttgart.

Meller, Harald; Michel, Kai; Schaik, Carel van (2024): Die Evolution der Gewalt. Warum wir Frieden wollen, aber Kriege führen. Eine Menschheitsgeschichte, München.

Meller, Harald; Schefzik, Michael (Hg.) (2015): Krieg – eine archäologische Spurensuche, Halle a.d. Saale.

Minqi Li (2008): The Rise of China and the Demise of the Capitalist Word-Economy, London.

Morris, Desmond (1968): Der nackte Affe, Zürich.

Morris, Desmond (1994): The Naked Ape, London.

Morris, Ian (2012): Wer regiert die Welt? Warum Zivilisationen herrschen oder beherrscht werden, Frankfurt a. M.

Morris, Ian (2013): Krieg. Wozu er gut ist, Frankfurt a. M.

Priester, Karin (2003): Rassismus. Eine Sozialgeschichte, Leipzig.

Rattner, Josef (1995): Klassiker der Psychoanalyse, Weinheim.

Sadokpam, Dhiren A. (2023): What is really behind the violence in Manipur?: https://frontline.thehindu.com/news/what-is-really-behind-the-violence-in-manipur/article66820969.ece?cx_testId=25&cx_testVariant=cx_1&cx_artPos=0#cxrecs_s (aufgerufen am 28.7.2024).

Sahlins, Marshall (1960): The Origins of Society, in: Sci. Amer. 203, 3.

Sahlins, Marshall (2024): Die ursprüngliche Wohlstandsgesellschaft, Berlin.

Sarkar, Saral (2023): The Ethnic Violence in Manipur, India, Explained: https://countercurrents.org/2023/09/the-ethnic-violence-in-manipur-india-explained/ (aufgerufen am 28.7.2024).

Sarkar, Saral (2024): Was ist Ökosozialismus?, Marburg.

Sarrazin, Thilo (2010): Deutschland schafft sich ab. Wie wir unser Land aufs Spiel setzen, 7. Aufl., München.

Schlemm, Annette (2024): Climate Engineering. Wie wir uns technisch zu Tode siegen, statt die Gesellschaft zu revolutionieren, Wien.

Schriefl, Ernst (2021): Ökobilanz. Wo wir stehen, was zu tun wäre, wohin wir steuern. Ein Versuch einer nüchternen Bestandsaufnahme, Norderstedt.

Schwarz, Susanne (2023): Aufrüstung heizt Klimakrise an, in: taz vom 10.10.2023.

Schweitzer, Christine (2010): Für eine Welt ohne Rüstung und Militär. Nachdenken über gewaltfreie Alternativen, Wahlenau: IFGK.

Schweitzer, Christine (2023): Rüstung, Krieg und Klimaschutz. Militär als Verursacher von Erderwärmung, in: Bund für Soziale Verteidigung, Rundbrief 2023/1, 5-6

Service, Elman Rogers (1966): The Hunters, Englewood Cliffs.

Sharma, Devabrata (2018): Assam – Contextualising NRC Historically: https://frontierweekly.com/articles/vol-51/51-7/51-7-Assam%20-%20Contextualising%20NCR%20Historically.html (aufgerufen am 30.7.2014).

Smith, Anthony D. (1997): Structure and Persistence of Ethnie, in: Guibernau, Monserat; Rex, John (Hg.), The Ethnicity Reader, Cambridge.

Ullrich, Otto (1979): Weltniveau. In der Sackgasse des Industriesystems, Berlin.

Victus, Solomon (2023): Recent Discourses on Tamil Nationalism: https://frontierweekly.com/articles/vol-56/56-16/56-16-Recent%20Discourses%20on%20Tamil%20Nationalism.html (aufgerufen am 30.7. 2024).

Vollmer, Antje (2024): Vermächtnis einer Pazifistin. Was ich noch zu sagen hätte, in: Den Krieg verlernen. Zum Vermächtnis einer Pazifistin. Eine Flugschrift, Hamburg.

Waack, Jonas (2022): Der grüne Knall, in: taz vom 13.5.2022.

Wallace-Wells, David (2019): The Uninhabitable Earth – Life After Warming, New York.

Weber, Max (1972): Wirtschaft und Gesellschaft. Grundriß der verstehenden Soziologie, Tübingen.

Wilson, Edward O. (1979): Biologie als Schicksal. Die soziobiologischen Grundlagen menschlichen Verhaltens, Berlin.

Wolf, Winfried (2020): Mit dem Elektroauto in die Sackgasse. Warum E-Mobilität den Klimawandel beschleunigt, Wien.

Wrangham, Richard; Peterson, Dale (2001): Bruder Affe – Menschenaffen und die Ursprünge menschlicher Gewalt, Kreuzlingen.

Wright, Quincy (1965): A Study of War, Chicago.

Zentrum für Transformation der Bundeswehr (2020): Peak Oil – Sicherheitspolitische Implikationen knapper Ressourcen. Hamburg.

Zumach, Andreas (2005): Die kommenden Kriege. Ressourcen, Menschenrechte, Machtgewinn – Präventivkrieg als Dauerzustand?, 2. Aufl., Köln.

Personenregister